PiA Heft 3/2004 Traumatisierung

Editorial

Übersichten

Praxisbezogene Darstellungen

Wichtige Zielgruppen

Institutionen stellen sich vor

Psychotherapie im Alter

Forum für Psychotherapie, Psychiatrie, Psychosomatik und Beratung

Herausgegeben von
Peter Bäurle, Münsterlingen; Johannes Kipp, Kassel; Meinolf Peters, Bad Berleburg; Hartmut Radebold, Kassel; Angelika Trilling, Kassel; Henning Wormstall, Schaffhausen und Tübingen

Psychosozial-Verlag

Impressum

Psychotherapie im Alter
Forum für Psychotherapie, Psychiatrie, Psychosomatik und Beratung

ISSN 1613–2637
1. Jahrgang, Nr. 3, 2004, Heft 3

ViSdP: Die Herausgeber; bei namentlich gekennzeichneten Beiträgen die Autoren. Namentlich gekennzeichnete Beiträge stellen nicht in jedem Fall eine Meinungsäußerung der Herausgeber, der Redaktion oder des Verlages dar.

Erscheinen: Vierteljährlich

Herausgeber: Dr. Peter Bäurle, Dr. Johannes Kipp, Dr. Meinolf Peters, Prof. Dr. Hartmut Radebold, Dipl.-Päd. Angelika Trilling, Prof. Dr. Henning Wormstall

Die Herausgeber freuen sich auf die Einsendung Ihrer Fachbeiträge! Bitte wenden Sie sich an die Schriftleitung:
Dr. Johannes Kipp, Klinik für Psychosomatische Medizin und Psychotherapie
Klinikum Kassel
Mönchebergstraße 41–43, 34125 Kassel
Tel.: 0561/9803825 · Fax: 0561/9806844
E-Mail: j.kipp@psychotherapie-im-alter.de
www.psychotherapie-im-alter.de

Redaktionelle Unterstützung:
Dr. Gisela Heimbach, Kassel

Umschlagentwurf und -gestaltung
Christof Röhl

Umschlaggabbildung:
Patientenzeichnung

Redaktion und Satz: Vera Kalusche

Anfragen zu Anzeigen bitte an den Verlag:
E-Mail: anzeigen@psychosozial-verlag.de

Abonnentenbetreuung
Psychosozial-Verlag
E-Mail: bestellung@psychosozial-verlag.de
www.psychosozial-verlag.de

Bezug
Jahresabo 49,90 Euro · 85,50 SFr (zzgl. Versand)
Einzelheft 14,90 Euro · 26,80 SFr (zzgl. Versand)
Studierende erhalten gegen Nachweis 25% Rabatt.
Das Abonnement verlängert sich um jeweils ein Jahr, sofern nicht eine Abbestellung bis zum 15. November erfolgt.

Folgende Firmen haben durch Druckkostenzuschüsse das Erscheinen der neuen Zeitschrift ermöglicht:
Astra Zeneca GmbH, Wedel
Janssen-Cilag GmbH, Neuss
Lilly Deutschland GmbH, Bad Homburg
Pfizer GmbH, Karlsruhe
Sanofi-Synthelabo, Berlin

Außerdem wird die Herausgabe der Zeitschrift dankenswerterweise durch die **Robert-Bosch-Stiftung** gefördert.

Editorial

Für alle im Altersbereich Tätigen stellt sich die Aufgabe, historisch zu denken!

Die Beiträge dieses Heftes verdeutlichen, dass viele der heute über 60-Jährigen schwerwiegende und oft traumatisierende Erfahrungen erleben und durchleiden mussten. Gleichzeitig fordern die Artikel dazu auf, unseren eigenen Wissens- und Erfahrungsstand zu überdenken.Der Begriff *Trauma* wird derzeit in auffallend unterschiedlicher Bedeutung insgesamt inflationär benutzt. Er wird auf sexuellen Missbrauch, Geburts-, Belastungs- und Kriegstraumen sowie auf Traumen durch Entzug von Kontakt und sinnlicher Wahrnehmung (Deprivation) bezogen. Häufig werden Traumafolgen nicht klar von anderen pathogenen Ursachen, schwerwiegenden Frustrationen oder anhaltendem pathologischen psychischen Stress unterschieden. Weiterhin ist eine Differenzierung zwischen dem Prozess der Traumatisierung, dem traumatischen Zustand und den bleibenden pathologischen Veränderungen notwendig.

Generell ist »das Trauma ein Konzept, das ein äußeres Ereignis mit dessen spezifischen Folgen für die innere psychische Realität verknüpft« (Fischer u. Riedesser 1998).

Aus psychoanalytischer Perspektive stellt ein psychisches Trauma ein Ereignis dar, »das die Fähigkeit des Ichs, für ein minimales Gefühl der Sicherheit und integrativen Vollständigkeit zu sorgen, abrupt überwältigt und zu einer überwältigenden Angst oder Hilflosigkeit oder dazu führt, dass diese droht und es bewirkt eine dauerhafte Veränderung der psychischen Organisation« (Cooper 1986, S. 44). Die Reaktionen des Ichs kommen zu spät, sie erfolgen nicht als Antwort auf eine drohende Gefahr, sondern nachdem die schreckliche Realität eintrat und das Ich ihr passiv ausgeliefert war. Dabei ist der zentrale Faktor die *erlebte* Hilflosigkeit. Durch sie ist es für das Ich unmöglich, das traumatische Erleben seelisch zu integrieren (Überblick bei Bohleber 2000). Eine weitere zentrale anhaltende Wirkung besteht darin, dass das Urvertrauen zerstört wird und sich eine »dauerhafte Erschütterung des Selbst- und Weltverständnisses« (Fischer u. Riedesser 1998, S. 79) ergibt.

Die erste Hälfte des 20. Jahrhunderts, d. h. die Zeit von 1900 bis 1950, gilt inzwischen als die am intensivsten erforschte Phase deutscher und europäischer Geschichte. Die Forschungen bezogen sich zunächst auf die

Ereignisse und deren Abläufe, später auf die Täter und deren Schuld und schließlich auf die schrecklichen und langanhaltenden Folgen bei den Opfern. Die derzeitige intensive öffentliche Diskussion – sich artikulierend in der Novelle von Günter Grass *Im Krebsgang* (2002) und in dem Buch von Jörg Friedrich *Der Brand – Deutschland im Bombenkrieg 1940–1945* (2002) – weist auf eine weitere Dimension hin, nämlich auf die Geschichte *durchlebten Leidens*. Diese umfasst Erfahrungen zahlreicher Verluste (von Vater/Mutter, Geschwistern, Ehepartnern und weiteren Angehörigen sowie von Haus, Umwelt und Heimat) und brutaler Gewalt in vielfältiger Form. Erst allmählich werden die Erfahrungen dieser Katastrophen und ihre Auswirkungen erkannt und anerkannt – jetzt auch von Seiten der historischen Wissenschaften (Beitrag Reulecke in diesem Heft).

Die seit 1999 durchgeführten Forschungen (Übersichten bei Radebold 2000, 2003) belegen für die Jahrgänge 1929–1945 langanhaltende psychische, psychosoziale und auch körperliche Folgen. Der körperliche Alterungsprozess bringt erneut die Gefahr mit sich, hilflos ausgeliefert zu sein (Beitrag Heuft). Und damit entsteht die Gefahr der *Trauma-Reaktivierung* sowie der *Re-Traumatisierung*.

Im Gegensatz zu diesen jetzt beginnenden Forschungen bei der Gruppe der nach 1927 geborenen Jahrgänge – also der *passiven* Teilnehmer am Zweiten Weltkrieg – wird bisher in der Bundesrepublik über die Folgen des Krieges für die vor 1927 geborenen Jahrgänge – also für die möglichen *aktiv* Beteiligten und damit die möglichen (Mit)Täter – wenig geforscht. Bei einer Untersuchung von pflegebedürftigen Senioren in Hamburg, die durchschnittlich 81 Jahre alt waren, fand sich ein hoher Anteil fortbestehender Symptome von posttraumatischen Belastungsstörungen, die häufig mit traumatischen Erfahrungen während des Zweiten Weltkrieges assoziiert waren (Teegen u. Cizmic 2003). Erst kürzlich wurde vermutet, dass der hohe Anteil depressiver Symptomatik bei Untersuchungen in München und Berlin im Vergleich zu anderen europäischen Städten »auf die anhaltenden Folgen des 2. Weltkrieges zurückzuführen sein könne« (Copeland et al. 2004, S. 47).

Die durchlebten schrecklichen Ereignisse und Verluste haben nicht generell zu einer noch bis heute anhaltenden Traumatisierung geführt. Auch damals gab es positive, beschützende (protektive) Einflüsse wie stabile Mutter-Kind-Beziehungen, Ersatzväter und heile Großfamilien-Situationen sowie aktive Bewältigungs- bzw. Coping-Mechanismen. Vieles konnte auch im weiteren Leben durch stabile, Sicherheit gebende Partnerschaften ausgeglichen werden.

Leider kam es auch in der zweiten Hälfte des 20. Jahrhunderts zu politisch bedingten traumatisierenden Erfahrungen wie in der ehemaligen DDR (Beitrag Trobisch-Luetge). Zahlreiche Migranten aus dem Balkan und aus Asien und Afrika haben häufig noch schlimmere traumatisierende Erfahrungen gemacht. Weiterhin entsteht auch die Frage, ob nicht Ältere, die hilfebedürftig geworden sind, durch Formen vielfältiger Gewalt traumatisiert werden (siehe Beitrag Hirsch).

Generell stellt sich für alle im Altersbereich tätigen Berufsgruppen die Aufgabe, *historisch* zu denken. Zusätzlich zur psycho-bio-sozialen Perspektive ist eine *psycho-historische* Sichtweise notwendig. Aus dieser Sichtweise ergibt sich ein neues Konzept des Verstehens, das in folgenden Schritten erarbeitet werden kann:

- Erkunden möglicher traumatisierender Ereignisse: Geburtsorte sollten hinsichtlich ihrer historischen Bedeutung reflektiert werden. Bei der Erwähnung bestimmter Ereignisse ist gezielt nachzufragen. Häufig kommen spezifische Hinweise erst bei einer länger bestehenden, verlässlichen Beziehung zum Vorschein.
- Differenzieren: Die Zugehörigkeit zu bestimmten Geburtsjahrgängen gibt Hinweise, welche Erfahrungen gemacht werden konnten und welche Verluste eingetreten sein könnten. Hier sind dann nach den Auswirkungen auf die weitere Persönlichkeitsentwicklung auch unter geschlechtsspezifischen Aspekten zu suchen.
- Anerkennen: Die betroffenen damaligen Kinder und Jugendlichen der Jahrgänge 1927–1945 haben schreckliche Erfahrungen durchlebt, an denen sie nicht schuld waren.
- Annehmen: Es ist wichtig, die so Betroffenen mit ihrer Lebensgeschichte, ihren möglicherweise verstörenden Erlebnissen und insbesondere mit den damit verbundenen Gefühlen von Verzweiflung, Angst, Hilflosigkeit und Verlorensein ernst zu nehmen. (Übernahme einer Holding- und Container-Funktion). Möglicherweise kann erst jetzt – nach so vielen Jahren – Trauer sowohl bei Frauen als auch bei Männern zugelassen werden!
- Verknüpfen: Eine Klärung des Zusammenhangs zwischen den damaligen spezifischen Erfahrungen und den heutigen Symptomen bzw. der heutigen Lebenssituation ist notwendig. Das Angebot einer derartigen Sichtweise kann auf die langanhaltenden Folgen damaliger Ereignisse entlastend wirken.

- Gemeinsam suchen: Die (psycho-)therapeutischen Hilfsmöglichkeiten, die stabilisieren und Sicherheit geben, sind durch gemeinsame Reflexion hinsichtlich der aktuellen Lebenssituation auszuwählen.

Inzwischen stehen für traumatisierte Kinder, Jugendliche und Erwachsene im jüngeren und mittleren Alter zahlreiche psychotherapeutische Konzepte und erprobte Hilfsmöglichkeiten zur Verfügung. Die weiteren Beiträge dieses Heftes belegen, dass diese Konzepte selbstverständlich auch bei über 60-Jährigen wirksam genutzt werden können. In ihnen sind unterschiedliche Zugangswege (Beitrag Maercker u. Müller) und unterschiedliche Aufgabenstellungen (für Holocaust-Angehörige: Beitrag Tauber u.Vyssoki; für DDR-Traumatisierte: Beitrag Trobisch-Luetge; für sexuell traumatisierte ältere Frauen: Beitrag Böhmer und aktuell Traumatisierte: Beitrag Burgmer u. Heuft) dargestellt. Außerdem stehen insbesondere in Krisensituationen stationäre Behandlungsmöglichkeiten (Beitrag Reddemann) zur Verfügung.

Das Wissen über das Ausmaß und die Folgen der bei älteren Menschen anzutreffenden Traumatisierung kann uns möglicherweise dabei helfen, die unbewusste intergenerationelle Weitergabe bestimmter psychischer Störungen und Verhaltensauffälligkeiten an die nächste Generation, also an die Kinder der Kriegskinder zu verstehen. Ein vermuteter derartiger Zusammenhang muss allerdings sehr sorgfältig abgeklärt werden.

Die Einführung der *psycho-historischen* Perspektive bringt für die professionell im Altersbereich Tätigen zusätzlich die Aufgabe mit sich, ihre politische und auch moralische Einstellung gegenüber den heute über 60-Jährigen zu reflektieren. Nur, wenn nicht mehr – wie lange Zeit – nur vorwurfsvoll gefragt wird: »*Was habt ihr damals gedacht und getan?*«, sondern auch: »*Was habt ihr erlebt und erlitten*?« wird ein anderer Zugang möglich.

Hartmut Radebold

Literatur

Bohleber W (2000) Die Entwicklung der Traumatheorie in der Psychoanalyse. Psyche 54: 797–839.

Cooper A (1986) Toward a limited definition of psychic trauma. In: Rothstein A (Hg) The Reconstruction of Trauma. Its Significance in Clinical Work. Madison (IUP), S. 41–56.

Copeland J et al (2004) Depression among older people in Europe: The EURODEP studies. World Psychiatry 3:45–49.
Fischer G, Riedesser P (1998) Lehrbuch der Psychotraumatologie. München (Reinhardt).
Radebold H (2001) Abwesende Väter – Folgen der Kriegskindheit in Psychoanalysen. 2. Aufl., Göttingen (Vandenhoeck & Ruprecht).
Radebold H (Hg.) (2003) Kindheit im II. Weltkrieg und ihre Folgen. Psychosozial 26:1–101.
Teegen F & Cizmic L–D (2003) Traumatische Lebenserfahrungen und heutige Belastungsstörungen pflegebedürftiger alter Menschen. Z. Gerontopsychol Gerontopsychiat 16:77–91.

Korrespondenzadresse

Universitätsprofessor Dr. Hartmut Radebold
Habichtswalder Str. 19
34119 Kassel

2004 · 170 Seiten · Broschur
EUR (D) 19,90 · SFr 34,90
ISBN 3-89806-202-3

»Die Seelennot der Kriegskinder, wie sie sich von der Warte der Analytiker, in der therapeutischen Praxis darstellt. Und wie sie sich in die zweite, in die dritte Generation fortwirkt. Ein erhellende Lektüre inmitten der Erinnerungskultur.« Die ZEIT

»Offenbar fällt es bis heute der (insbesondere altersmäßig jüngeren) Öffentlichkeit schwer, wahrzunehmen und damit auch anzuerkennen, was damals diesen Kriegskindern zustieß und wie eingeschränkt ihre Entwicklungsmöglichkeiten insbesondere in der direkten Nachkriegszeit waren.« (Aus dem Vorwort von H. Radebold)

Mit Beiträgen von: Elmar Brähler, Georg Driesch, Tillmann Greb, Jürgen Hardt, Christoph Seidler u. a.

Vom historischen Umgehen mit den großen Katastrophen des 20. Jahrhunderts

Jürgen Reulecke

»Die Erinn'rung ist eine mysteriöse
Macht und bildet die Menschen um.
Wer das, was schön war, vergisst, wird böse;
Wer das, was schlimm war, vergisst, wird dumm.«
Erich Kästner (1981, S. 507)

Zusammenfassung

Die Geschichtswissenschaft hat bisher infolge ihrer Fixierung auf spektakulären Kriegsereignisse und allgemeinen gesellschaftlichen Prozesse den generationenspezifischen langfristigen psychischen Folgen von Kriegs- und Katastrophenerfahrungen keine Aufmerksamkeit geschenkt. Erst seit kurzem ist das »mentale Gepäck« der betroffenen Menschen verstärkt in den Blick einer jüngeren Historikergeneration gekommen. In der erfahrungsgeschichtlich und psychohistorisch fundierten Biographik geht es um ein interdisziplinäres »Durcharbeiten« der individuellen und kollektiven katastrophischen Erfahrungen einschließlich deren Langzeitfolgen

Stichworte: Zweiter Weltkrieg, Erfahrungsgeschichte, Generationen, Kriegskinder, Psychohistorie

Abstract: Dealing with the Great Disasters of the 20th Century from the Historical Perspective

Research into history, being fixed on spectacular hostile events and general social processes, has tended to ignore the generation-specific long-term psychological consequences of war-experiences and disaster. Not until recently has the »mental baggage« of affected persons come increasingly to the attention of a younger generation of historians. This biography based on historical experience and history-rooted psychological aspects represents an interdisciplinary »work-through« of individual and collective experiences of disaster including their long-term consequences.

Key words: Second World War, history of experience, generations, wartime children, psychohistory

Das Vergessen des Schlimmen in der Geschichte macht nach Kästner dumm. Was hat es aber für Folgen, wenn man sich an das kollektiv und auch individuell erlebte Schlimme immer wieder erinnert bzw. wenn sich diese Erinnerungen immer wieder – geradezu zwanghaft – aufdrängen? Selbst 60 Jahre nach der größten Katastrophe des 20. Jahrhunderts – also nach zwei Generationen – werden wir immer noch an diesen Tiefpunkt der deutschen Geschichte erinnert. Dies zeigen die öffentlichen Debatten um das Berliner Holocaust-Denkmal, die Entschädigung der Zwangsarbeiter, die Wehrmachtsausstellung und ein geplantes Institut zur Geschichte der Vertreibungen. Warum ist ein erfolgreiches »Durcharbeiten« des Geschehenen (vgl. Schulz-Hageleit 2003) in unserer Gesellschaft bis heute nicht gelungen?

Wer nach Details über die beiden Weltkriege mit ihren radikalen Konsequenzen sucht und dazu die gängigen Darstellungen zu Rate zieht, erfährt selbstverständlich viele Einzelheiten über den Zusammenbruch der beiden deutschen Regime: des Wilhelminischen Deutschen Kaiserreiches und des »Dritten Reiches« der Nationalsozialisten. Die schwerwiegenden Konsequenzen für die nachfolgende Politik, die Wirtschaft, die Lebensbedingungen und das geistige Leben sind inzwischen analysiert worden. Bei nahezu allen Darstellungen dominiert jedoch durchweg unreflektiert der Blick der »klügeren« Nachgeborenen, die immer wissen, wie die Geschichte nach den Katastrophen weitergegangen ist. Jeder Umgang mit der Vergangenheit wird zwangsläufig davon geprägt! Allerdings stellt sich die Frage, wie weit wir Heutigen bei unseren historischen Urteilen diese Tatsache berücksichtigen, um den damaligen Menschen, die ja ihre Zukunft nicht kannten, »gerecht zu werden«.

Durch eine sich seit einigen Jahren entwickelnde »historische Kulturwissenschaft« – teilweise angeregt durch psychohistorische Fragestellungen – finden die Wahrnehmungen und Weltsichten der damals handelnden Menschen als historische Akteure ein zunehmendes Interesse. Ihre geistigen Konstrukte, ihre Wertsetzungen, ihre von Wünschen und Ängsten bestimmten Zukunftsperspektiven und die Bedeutung ihres »mentalen Gepäcks« sind ernst zu nehmen. Nur so können wir sie als Menschen ihrer Zeit besser »verstehen« und ihr Handeln schlüssiger erklären (dazu Daniel 2004). Wenn man auf diese Weise an die »Katastrophen« herangeht, scheint es zunächst so zu sein, als ob sich »Geschichte« in eine Vielzahl von »Geschichten« auflöst: Alle damaligen Zeitgenossen haben die Katastrophen ja als Individuen wahrgenommen und verarbeitet. Sicher waren die großen Kriegsgeschehnisse (Broszat et al 1988) nicht identisch mit den erlebten »Erschütterungen«, die das weitere individuelle Leben mitbestimmten. Die Kriege waren also eher nur die »Kulisse«, vor der jeder seine eigene Katastrophe erlebte (Schulz-Hageleit 2003, s. auch ders. 1996). Um die persönlichen Erlebnisse zu verstehen, muss zudem der generationelle Kontext, d. h. die alterstypische Besonderheit der Lebensphase, in der sich der Einzelne damals befand, berücksichtigt werden.

Zum durchaus schillernden Begriff »Generation« sei folgendes vorausgeschickt: Der Philosoph Wilhelm Dilthey (in den 1870er Jahren) und der Soziologe Karl Mannheim (Ende der 1920er Jahre) sahen das Spezifische einer Generation darin, dass Altersgruppen durch beeindruckende Erlebnisse in den Jahren ihrer besonderen »Empfänglichkeit« geprägt werden. Seither geht die Wissenschaft zum Thema »Generation« von dieser »Prägungs-Hypothese« aus. Die Jugendphase wird als das entscheidende Alter für eine solche Prägung angesehen. Sie führt zu einem aktuellen oder erst später zutage tretenden generationellen Wir-Gefühl. Jedoch zeigt sich, dass auch andere Lebensaltersphasen generationsbildende Bedeutung haben können wie die Kleinkindphase bei den sog. »Kriegskindern«. Es kommt auch vor, dass Menschen erst infolge bestimmter Herausforderungen beginnen, sich über ihre generationelle Zugehörigkeit zu verständigen. Dies ist z. B. besonders gut zu beobachten bei den Kriegskindern des Zweiten Weltkriegs, wenn sie ins 60. bzw. 65. Lebensjahr kommen (vgl. Kriegskinder 2000, Radebold 2000, Domansky & de Jong 2000). Das individuelle und kollektive Umgehen mit den gespeicherten Erfahrungen hängt also einerseits von der spezifischen »Generationalität« besonders betroffener Altersgruppen ab. Gemeint ist damit deren generationenspezifische Selbstinterpretation und Selbsthistorisierung (dazu Reulecke 2003). Andererseits wird dieses Umgehen von den gesellschaftlich maßgeblichen »Deutungseliten« bestimmt. Dabei kann es zu erheblichen Widersprüchen kommen, da die individuelle Erinnerung und die öffentliche Deutung und Bewertung der Vergangenheit oft auseinander klaffen. Martin Walser hat in seinen »Reden über Deutschland« dieses Dilemma folgendermaßen charakterisiert: »Es ist mir ... nicht möglich, meine Erinnerung mit Hilfe eines inzwischen erworbenen Wissens zu belehren ... Die Bilder (meiner Erinnerung, J. R.) sind jeder Unterrichtung unzugänglich. Alles, was ich inzwischen erfahren habe, hat diese Bilder nicht verändert...« (Walser 1989, S. 76f.).

Was Walser hier auf den Punkt bringt, ist eine »Erinnerungsresistenz« gegenüber den öffentlichen Geschichtsdeutungen: Eine als »wahr« oder »richtig« codierte Erinnerung an das Erlebte erweist sich als zumindest teilweise resistent gegenüber den vorgegebenen Geschichtsbildern der Gesellschaft, in der man lebt (Althaus 2001, S. 10)!

Manche der öffentlich ausgetragenen Konflikte wie die Auseinandersetzungen um die sog. »Wehrmachtsausstellung« haben in dieser Konkurrenzlage zwischen der öffentlich gepflegten Geschichtskultur und der eigenen Erinnerung ihre Wurzel. Die Konfrontation damit, dass »ganz normale Deutsche« und nicht nur eine kleine Horde fanatischer NS-Größen an den Massenerschießungen im Osten beteiligt waren, erschüttert auch noch sechs Jahrzehnte nach dem Geschehen die nachgewachsene zweite und dritte Generation. Trotz des Terrors des NS-Regimes, dessen Rolle im Zweiten Weltkrieg und des unfassbaren Völkermords konnte das »Dritte Reich« (fast) bis zum Schluss auf Zustimmung und Unterstützung des überwiegenden Teils der deutschen Bevölkerung bauen.

Wenn heute die Kriegskinder des Zweiten Weltkriegs ihre Erinnerungen nicht mehr wie bisher unterdrücken, sondern eigene Verletzungen durch Bombardierung, Flucht, Vertreibung, Evakuierung und Vaterverlust thematisieren, so kommt ein sehr zwiespältiges Gefühl auf: Es hat den Anschein, als ob eigene Leiden gegen die von den Deutschen Anderen zugefügten Leiden aufgerechnet werden (»Opferkonkurrenz«). Ferner entsteht der Eindruck, dass die bedrückende Erkenntnis weg geschoben wird, in irgendeiner Weise selbst Teil der »Tätergeschichte« zu sein. Der Historiker Peter Schulz-Hageleit (geb. 1939) hat diese Erkenntnis pointiert beschrieben: »Zahllose Väter, bis 1945 als Helden bewundert, verwandeln sich bei genauerer Analyse in Ungeheuer oder Duckmäuser, in feige Befehlsempfänger oder kaltblütige Schreibtischtäter. Ebenso erweisen sich auch zahllose Mütter bei genaueren Recherchen als hysterische Hitler-Verehrerinnen, als Verräterinnen der eigenen Verwandtschaft oder gar als Todesengel für die eigenen Kinder ...« (Schulz-Hageleit 1996, S. 21).

Auf doppelte Weise rückt uns die Katastrophe also »auf den Leib«: Traumatische Erinnerungen kommen bei vielen der Kriegskinder jetzt im Alter hoch und beunruhigen sie. Außerdem kann man sich nicht mehr darauf zurückziehen, dass die eigenen Familienmitglieder nichts vom Terror und von den Verbrechen des »Dritten Reiches« wussten. Untersuchungen zeigen das Gegenteil (Welzer 1997, Domansky & Welzer 1999, Welzer 2002a). Die bisherigen Widerstände gegen die Einsicht, dass man selbst Teil dieser Geschichte ist und weiterhin sein wird, sind damit tendenziell geringer geworden.

Historisch stellt die Analyse der Katastrophe selbst nicht das Problem dar, sondern die Art und Weise, mit den Verletzungen und den individuellen und kollektiven Erinnerungen umzugehen. Hierbei ist der »lange Schatten des Krieges« mit seinen psychischen Fernwirkungen erst jetzt allmählich auf Begriffe zu bringen
(Domansky & de Jong 2000). Die Deutungsangebote der öffentlichen Geschichtskultur und »Vergangenheitspolitik« sowie die historisch-wissenschaftliche Beschäftigung mit den Weltkriegen werden einerseits von den aktuellen Verdrängungs- oder Rechtfertigungsbestrebungen und andererseits von den Sinnstiftungsbedürfnissen der Zeitgenossen (besonders ausgeprägt in der Zeit des »Kalten Krieges«) bestimmt (vgl. Reichel 1995, Frei 1997, Dubiel 1999). Deshalb fand ein selbstkritisches – individuelles wie kollektives – »Durcharbeiten« lange Zeit nur ansatzweise statt.

Sigmund Freud hat einmal über den Psychoanalytiker gesagt, er komme nur soweit, »als es seine eigenen Komplexe und Widerstände gestatten« (zit. nach Schulz-Hageleit 1996, S. 25). Dies trifft durchaus auch auf den Historiker und seinen analysierenden Blick auf die großen Katastrophen des 20. Jahrhunderts zu (Jarausch & Sabrow 2002). Zugespitzt kann man sogar sagen, dass die wissenschaftliche Interpretation der Weltkriege in beträchtlichem Umfang durch die generationelle Prägung der einzelnen Historiker beeinflusst wurde. Bis zum Beginn der 60er Jahre dominierte in der westdeutschen Geschichtsschreibung die Annahme, die kriegsführenden Mächte des Ersten Weltkriegs - allen voran das Deutsche Kaiserreich - seien 1914 mehr oder weniger in die Katastrophe »hineingeschlittert«. Insofern könne von der alleinigen Schuld *einer* Nation, die im Versailler Vertrag den Deutschen zugewiesen wurde, nicht gesprochen werden. Nach dieser Auffassung führte Deutschland letztlich nur einen Verteidigungskrieg angesichts einer zunehmenden »Einkreisung«. Diese offizielle deutsche Weltkriegsdeutung transportierten führende Historiker, die in der Weimarer Republik bereits junge Erwachsene waren, bis weit in die Adenauer-Ära hinein. Entsprechend dieser Deutung führte vom »guten« Kaiserreich kein gerader Weg in das »böse« NS-Regime und den angeblich nur von einer kleinen Verbrecherbande entfesselten Zweiten Weltkrieg (dazu Wolfrum 2003, S. 100ff.). Erst die sogenannte »Fischer-Kontroverse« gab Anfang der 60er Jahre den Anlass, die gesamte Kriegsschuldfrage neu zu stellen: In zwei voluminösen Bänden hatte nämlich der Hamburger Historiker Fritz Fischer 1961 und 1969 (geb. 1908) die bisherige Auffassung nachhaltig erschüttert, indem er belegte, dass der Erste Weltkrieg schon lange zuvor von Teilen der konservativen militärischen und wirtschaftlichen Elite des Kaiserreichs als Angriffskrieg vorbereitet worden war (Fischer 1961, 1969). Fischer vertrat also erst gut 40 Jahre nach dem Ende des Ersten und 20 Jahre nach dem Beginn des Zweiten Weltkriegs eine fundierte historische Bewertung, die in den 20er Jahren nur einige wenige Angehörige der »Frontgeneration« bzw. der »Kriegsjugendgeneration« der damaligen offiziellen Deutung entgegengestellt hatten (s. z. B. Glaeser 1928).

Fritz Fischer löste damit einen Schwenk aus von der bisherigen Interpretation einer nur geringen Teilschuld des Deutschen Reiches am Ersten Weltkrieg hin zu einem massiven Schuldvorwurf gegen die führenden Kreise des Kaiserreichs. Diese Neuinterpretation rief scharfe Abwehrreaktionen unter den älteren, noch im 19. Jahrhundert geborenen Historikern (Gerhard Ritter, geb. 1888, und Egmont Zechlin, geb. 1896) hervor. Zugleich provozierte sie eine intensive Hinwendung von jüngeren, in den 30er Jahren geborenen Historikern zur Analyse der sozialen und wirtschaftlichen Strukturen des Wilhelminischen Deutschlands. Durch diese strukturgeschichtliche Ausrichtung mit der Betonung der überpersönlichen Konstellationen (soziale Klassen, ökonomische Macht- und Marktverhältnisse, Interessengruppen usw.) geriet die Frage nach der generationellen Verarbeitung der Vorkriegs-, Kriegs- und Nachkriegserfahrungen vollends aus dem Blick. Diese neue Historikergeneration schlug jetzt den Bogen vom Ersten zum Zweiten Weltkrieg, indem sie lange Kontinuitätslinien eines »deutschen Sonderwegs« von der frühen Neuzeit bis in die Moderne festzustellen glaubte. Die Rekonstruktion eines solchen Weges, der die Katastrophen von 1914/18 mit denen von 1939/1945 - einschließlich des Holocausts - in klaren Grund-Folge-Zusammenhängen miteinander verbindet, ergab sich Ende der 60er Jahre durch ein stark gewachsenes Bedürfnis nach einer gesellschaftskritischen theoretischen Fundierung des wissenschaftlichen Tuns.

Eine solche Ausrichtung der damals jüngeren Historiker schärfte zwar ihr theoretisch-methodisches Denken. Es brachte ihnen aber auch den Vorwurf ein, sie *erzählten* keine Geschichte mehr, sondern schrieben letztlich nur noch trockene Gutachten *über* die Geschichte, in denen konkrete Menschen nicht mehr vorkämen. Außerdem trifft auf diese Historikergeneration die kritische Feststellung des amerikanischen Historikers Peter Gay zu, die deutsche Geschichtsschreibung sei, insbesondere im Hinblick auf die NS-Zeit, »voller meist ungeprüfter Gegenübertragungen« (Gay 1989, S. 12, s. auch Schulz-Hageleit 1996, S. 25). Gay führt dabei die treffende Beobachtung an: «Der deutsche Historiker, wie tapfer er sich auch bemüht, das ganze Bild klar und deutlich zu sehen und das Vergangene in der Vergangenheit in allem seinen Vergangensein zu erblicken – er kann nicht umhin, von seinem Stoff emotional gefesselt und oft auch gelähmt zu sein« (Gay 1989, S. 12).

Auf den Vorwurf, die Geschichtswissenschaft habe vor lauter Fixierung auf Theorien, Strukturen und Prozesse die Menschen aus dem Blick verloren, reagierte seit der zweiten Hälfte der 70er Jahre eine wieder etwa acht bis zehn Jahre jüngere Historikergeneration (geboren zwischen 1940 und 1945). Einige von ihnen meldeten sich im Zusammenhang mit dem von der Hamburger Körber-Stiftung ausgerichteten »Schülerwettbewerb Deutsche Geschichte um den Preis des Bundespräsidenten« zu Wort: Sie begannen das - die Historikerzunft zunächst irritierende - Konzept einer »Alltagsgeschichte« zu favorisieren (vgl. Niethammer 1980a, Niethammer 1980b). Darstellungen des Alltags der »kleinen Leute« unter den Bedingungen des Kriegsalltags - auf der Basis bisher nicht beachteter Quellen - erschienen nun in wachsender Zahl (z. B. Focke & Reimer 1979, Peukert & Reulecke 1981, Daniel 1989). Fast alle diese Autoren gehörten zu der Altersgruppe, die im Zweiten Weltkrieg oder kurz danach geboren wurde und die unmittelbare Nachkriegszeit als kleine Kinder in prägender Weise erlebt hatte. Möglicherweise waren sie deshalb besonders offen für Fragen zur Geschichte der beiden Kriege und zu den konkreten Auswirkungen dieser Katastrophen auf die Menschen.

Neben dem Aufspüren und Rekonstruieren der alltäglichen Lebensbedingungen ging es ihnen zunehmend auch um die generationelle Prägung und das »mentale Gepäck« konkreter Menschen, um die Umstände ihrer »Verstrickungen« in die politischen Verhältnisse und um ihre Illusionen, Hoffnungen, Ängste und Nöte. Die Autoren versuchten damit aber auch, das Versagen und Schuldigwerden der Menschen zu verstehen. Die Arbeit dieser Historiker drehte sich also um die Frage nach der Beziehung zwischen den vielen individuellen historischen Erfahrungen und deren Verallgemeinerung in Kollektivbiographien von »Generationseinheiten«. Aus der umstrittenen »Alltagsgeschichte« ist so allmählich über eine Mentalitäts- und Wahrnehmungsgeschichte eine zugleich kulturgeschichtlich wie psychohistorisch inspirierte »Erfahrungsgeschichte« geworden (dazu Daniel 2004). Allerdings hat die Mehrheit der heutigen »Historikerzunft« diese erfahrungsgeschichtliche Sichtweise bisher allenfalls ansatzweise übernommen. Es ist jedoch unübersehbar, dass die Altergruppe der in den 50er und frühen 60er Jahren Geborenen, die jetzt zunehmend die Lehrstühle besetzen, die Erfahrungsdimension der Geschichte viel ernster nimmt, als es die meisten ihrer wissenschaftlichen »Väter und Mütter« getan haben.

Dieser Hinweis auf »Väter und Mütter« soll auch darauf aufmerksam machen, dass es bei der erfahrungsgeschichtlichen Aufarbeitung von katastrophalen Umständen des 20. Jahrhunderts nicht nur um die damaligen Erlebnisse unserer Eltern oder Großeltern geht. Vielmehr sind die unterschiedliche Art und Weise, wie einzelne Menschen im Laufe ihres Lebens damit umgehen, und die Formen der intergenerationellen Vermittlung bedeutsame Faktoren unserer »Geschichte« (Rüsen & Straub 1998, Erdle & Weigel 1999, Welzer 2002b). Möglicherweise haben sie sogar die politischen, kulturellen und sozialen Entwicklungen der damaligen beiden Gesellschaften in West und Ost viel nachhaltiger mitbestimmt, als wir dies bisher angenommen haben! Mit solchen, bisher allenfalls zögerlich oder nur ansatzweise gestellten Fragen erschließen sich ganz neue Dimensionen einer deutschen Geschichte des 20. Jahrhunderts, die auf so etwas wie eine generationenvernetzende (Kollektiv-)Biographik hinausläuft: Eine erfahrungsgeschichtlich fundierte »Biographik« dürfte die von den beiden großen Katastrophen ausgelösten folgenreichen Umbrüche der deutschen Geschichte und deren (psychohistorische) Wirkungen in einem vielfach anderen Licht erscheinen lassen - dies nicht zuletzt deshalb, weil sie das erlebte und im weiteren Lebenslauf zu bewältigende, eigentlich Katastrophale der Katastrophen thematisiert.

In diesem Zusammenhang leuchtet der von Peter Schulz-Hageleit favorisierte programmatische Begriff der »Geschichtstoleranz« ein. Mit diesem erteilt er sowohl dem »einfältigen Gerede« von einer angeblichen »Gnade der späten Geburt« als auch jeder Art vorschneller Moralisierung eine Absage (Schulz-Hageleit 1996, 1997, Frei et al 2002). »Geschichtstoleranz« fordert stattdessen vor allem dazu auf, als Angehörige der zweiten oder dritten

Generation sich der Tatsache bewusst zu sein, dass wir als Kinder und Kindeskinder ständig mit »an der Last (der) Identifikation mit den Eltern zu tragen (haben)« (Schulz-Hageleit 1996, S. 22). Von diesem »Mittragen« ist unser allgemeines Geschichtsbild ebenso wie unsere individuelle Selbsthistorisierung entscheidend beeinflusst - ob wir es wollen oder nicht.

Die Altersgruppe derer, die den Ersten Weltkrieg noch im Kleinkindalter und das »Dritte Reich« einschließlich des Zweiten Weltkriegs als junge Erwachsene, als Mittäter oder als bloße Mitläufer, als aktiv Beteiligte oder als lediglich passiv betroffene Zuschauer erlebt haben, tritt zur Zeit ab. Die Kriegskinder des Zweiten Weltkriegs und deren Kinder stehen jetzt vor der Herausforderung, das zurückliegende, von schweren Katastrophen geprägte Jahrhundert »durchzuarbeiten«, wie es Freud genannt hat. Ein solches »Durcharbeiten« kann nur in einem intensiven interdisziplinären Austausch zwischen den Wissenschaften - von der Geschichtswissenschaft bis hin zur Psychoanalyse - erfolgen. Dies ist inzwischen mehr und mehr zum Konsens all derer geworden, die versuchen, das gelebte Leben in »unserem« 20. Jahrhundert verstehend zu rekonstruieren. Und dabei haben sie sich insbesondere vom Begriff der »Erfahrung« als Schlüsselbegriff und Zugangsmöglichkeit zur Geschichte dieses Jahrhunderts inspirieren lassen.

Literatur

Althaus C (2001) Kulturelles Gedächtnis und Identität. Vortragstext (im Manuskript benutzt).

Broszat M et al (Hg.) (1988) Von Stalingrad zur Währungsreform. Zur Sozialgeschichte des Umbruchs in Deutschland. München (Oldenbourg).

Daniel U (1989) Arbeiterfrauen in der Kriegsgesellschaft. Beruf, Familie und Politik im Ersten Weltkrieg. Göttingen (Vandenhoeck & Ruprecht).

Daniel U (2004) Kompendium Kulturgeschichte. Theorien, Praxis, Schlüsselwörter. 4. Aufl. Frankfurt a. M. (Suhrkamp).

Domansky E, Welzer H (Hg.) (1999) Eine offene Geschichte. Zur kommunikativen Tradierung der nationalsozialistischen Vergangenheit. Tübingen (edition diskord).

Domansky E, de Jong J (2000) Der lange Schatten des Krieges. Deutsche Lebens-Geschichten nach 1945. Münster (Aschendorff).

Dubiel H (1999) Niemand ist frei von der Geschichte. Die nationalsozialistische Herrschaft in den Debatten des Deutschen Bundestages. München, Wien (Hanser).

Fischer F (1961) Griff nach der Weltmacht. Die Kriegszielpolitik des kaiserlichen Deutschland 1914/18. Düsseldorf (Droste).

Fischer F (1969) Krieg der Illusionen. Die deutsche Politik von 1911 bis 1914. Düsseldorf (Droste).

Focke H, Reimer U (1979) Alltag unterm Hakenkreuz. Wie die Nazis das Leben der Deutschen veränderten. Reinbek (Rowohlt).

Frei N (1997) Vergangenheitspolitik. Die Anfänge der Bundesrepublik und die NS-Vergangenheit. München (Beck).

Frei N, van Laak D, Stolleis M (Hg.) (2000) Geschichte vor Gericht. Historiker, Richter und die Suche nach Gerechtigkeit. München (Beck).

Gay P (1989) Freud, Juden und andere Deutsche. Herren und Opfer in der modernen Kultur. München (dtv).

Glaeser E (1928) Jahrgang 1902. Kronberg 1978 (Athenäum).

Jarausch K, Sabrow M (Hg.) (2002) Verletztes Gedächtnis. Erinnerungskultur und Zeitgeschichte im Konflikt. Frankfurt a. M., New York (Campus).

Kästner E (1981) Gedichte. Frankfurt a. M. (Büchergilde Gutenberg).

Kriegskinder gestern und heute (2000). Eine Dokumentation. Bad Boll (Evangelische Akademie).

Niethammer L (1980a) Anmerkungen zur Alltagsgeschichte. In: Geschichtsdidaktik 5. Düsseldorf (Schwann), 231–242.

Niethammer L (Hg.) (1980b) Lebenserfahrung und kollektives Gedächtnis. Die Praxis der »Oral History«. Frankfurt a. M. (Syndikat).

Niethammer L (2002) Ego-Histoire? und andere Erinnerungs-Versuche. Köln, Weimar, Wien (Böhlau).

Peukert D, Reulecke J (Hg.) (1981) Die Reihen fast geschlossen. Beiträge zur Geschichte des Alltags unterm Nationalsozialismus. Wuppertal (Peter Hammer Verlag).

Radebold H (2000) Abwesende Väter. Folgen der Kriegskindheit in Psychoanalysen. Göttingen (Vandenhoeck & Ruprecht).

Reichel P (1995) Politik mit der Erinnerung. Gedächtnisorte im Streit um die nationalsozialistische Vergangenheit. München, Wien (Hanser).

Reulecke J (Hg.) (2003) Generationalität und Lebensgeschichte im 20. Jahrhundert. München (Oldenbourg).

Rüsen J, Straub J (Hg.) (1998) Die dunkle Spur der Vergangenheit. Psychoanalytische Zugänge zum Geschichtsbewusstsein. Frankfurt a. M. (Suhrkamp).

Schulz-Hageleit P (1996) Leben in Deutschland 1945–1995. Geschichtsanalytische Reflexionen. Pfaffenweiler (Centaurus).

Schulz-Hageleit P (1997) Die Kinder der Täter. Vom Trauma des Jahres 1945 zur Wiedergewinnung einer humanen Lebensorientierung. Psychosozial 68: 91–101.

Schulz-Hageleit P (2003) Zur Problematik des »Durcharbeitens« lebensgeschichtlicher Erfahrungen. In: Reulecke J (Hg.) Generationalität und Lebensgeschichte im 20. Jahrhundert. München (Oldenburg), 17–32.

Walser M (1989) Reden über Deutschland. Frankfurt a. M. (Suhrkamp).

Welzer H et al (1997) »Was wir für böse Menschen sind!« Der Nationalsozialismus im Gespräch zwischen den Generationen. Tübingen (edition diskord).

Welzer H et al (2002a): »Opa war kein Nazi«. Nationalsozialismus und Holocaust im Familiengedächtnis. Frankfurt a.M. (Fischer).

Welzer H (2002b) Das kommunikative Gedächtnis. Eine Theorie der Erinnerung. München (Beck).

Wolfrum E (2003) Krieg und Frieden in der Neuzeit. Vom Westfälischen Frieden bis zum Zweiten Weltkrieg. Darmstadt (Wissenschaftliche Buchgesellschaft).

Korrespondenzadresse

Professor Dr. Jürgen Reulecke
Sonderforschungsbereich 434 »Erinnerungskulturen«
Justus-Liebig-Universität Gießen
Otto-Behaghel-Straße 10G
35394 Gießen
E-mail: Juergen.Reulecke@geschichte.uni-giessen.de

2004 · 143 Seiten · Broschur
EUR (D) 14,90 · SFr 26,80
ISBN 3-89806-934-6

»Jedes Jahr zum Pessachfest schrieb Anna Ornstein eine Geschichte über ihre Erlebnisse während des Holocausts. Darin schilderte sie jeweils einen kleinen Ausschnitt aus ihren Lagererfahrungen. Für dieses Buch wurden 25 Pessachgeschichten chronologisch geordnet und zeichnen so ein zusammenhängendes, repräsentatives Bild ihrer Erlebnisse während des 2. Weltkrieges.«

Kristian Ruch

Der Maler Stewart Goldmann begleitet Ornsteins Texte mit 13 Radierungen, in denen er auf Farbe und große Formate verzichtet. Seine Auseinandersetzung mit dem Holocaust hat er fortgeführt, weitere Arbeiten dazu bereits in München und Wiesbaden ausgestellt.

Traumatisierung im Lebenslauf und Trauma-Reaktivierung im Alter

Gereon Heuft

Zusammenfassung

Die Folgen psychischer Traumata unterscheiden sich bei Erwachsenen grundlegend von Störungen mit einer psychodynamischen Konfliktentstehung oder mit einer verhaltenstherapeutisch erklärbaren Symptomentwicklung. Außerdem haben Traumata unterschiedliche Entstehungsgeschichten und sind dementsprechend zu unterscheiden. Klinisch ist zu beobachten, dass Erwachsene nicht unbedingt sofort eine posttraumatische Belastungsstörung (PTSD) entwickeln. Unter Umständen erleiden sie erst mehrere Jahrzehnte nach dem Trauma durch den körperlichen Alterungsprozess eine Trauma-Reaktivierung. Dies führte zu der Hypothese, dass ein drohendes Ausgeliefertsein im Alter eine Trauma-Reaktivierung bewirken kann. Diese ist von einer Retraumatisierung durch ein späteres (zweites) Trauma zu unterscheiden. Behandlungsaspekte bei traumabedingtem spätem Symptombeginn werden diskutiert.

Stichworte: Psychotraumatologie, Retraumatisierung, Trauma-Reaktivierung, Biographie, Alter, Psychotherapie

Abstract: Traumatization and Trauma-Reactivation in the Elderly

Psychic symptoms by psychic traumas are fundamentally different from those caused by psychodynamic conflicts or cognitive behavioral conceptualizations. For the purposes of a discriminating psychotraumatology there is the need to differ traumas by their aetiology. Adults suffering not immediately after a specific trauma from a posttraumatic stress disorder (PTSD) can develop a trauma-reactivation 30 or more years after the trauma by demands of the somatic process of aging. It is discussed that the possibility of being helpless in the face of the somatic aging process could reactivate the traumatic dynamic. Need is stressed to differ trauma-reactivation from retraumatization. Psychotherapeutic possibilities of trauma-reactivation in old age are discussed.

Key words: Posttraumatic stress disorder, PTSD, traumareactivation, biography, old age, psychotherapy

Psychisches Trauma – Lerngeschichte und Konfliktentstehung

Sowohl aus einer wissenschaftlichen als auch aus einer politischen Perspektive ist die Auseinandersetzung mit den traumatischen Folgen »verletzender« Lebenserfahrungen hoch aktuell. Um die verschiedenen Aspekte der posttraumatischen Symptome im Lebenslauf herauszuarbeiten, muss sich die Psychotraumatologie mit den gut hundert Jahre alten Wurzeln der psychoanalytischen Theoriebildung ebenso auseinandersetzen wie mit den kognitiv-behavioralen (verhaltenstherapeutischen) Konzeptbildungen. Deshalb ist ein kritischer Blick auf die historische Dimension der Konzepte unumgänglich.

Traumatische Lebensereignisse haben in der psychoanalytischen Theoriebildung von Anfang an eine hohe Bedeutung, so z. B. bei der Analyse sogenannter »Kriegszitterer« (traumatisierte Soldaten im Ersten Weltkrieg). Außerdem wurde die Entstehung der hysterischen Symptombildung von Freud ursprünglich im realen sexuellen Missbrauch von Kindern durch Erwachsene gesehen (»Verführungstheorie«) (Freud 1895). Unter dem Druck der Ablehnung dieser Theorie durch den »Wiener Verein für Psychiatrie und Neurologie« und durch das zunehmende Verständnis der Übertragungsdynamik sah Freud im innerseelischen (intrapsychischen) frühkindlichen Konflikt die Ursache für die Entwicklung neurotischer Symptome.

Diese Ambivalenz spiegelt sich in der modernen Psychotherapie-Literatur bis heute wider: Viele psychodynamisch konzipierte Fallberichte sprechen fast durchgängig von einer Traumagenese aufgrund kindlicher Erfahrungen, ohne zwischen *konflikthaften* Strebungen, »normalen« Situationen von *Reizüberflutung* (etwa bei der Geburt) und *traumatischen* Ereignissen im engeren Sinne zu unterscheiden. Andererseits werden nicht selten offensichtliche Traumafolgen mit psychosomatischer Symptombildung »übersehen« bzw. im Sinne eines intrapsychischen Konfliktes gedeutet oder mit einem übenden Behandlungsverfahren antherapiert.

Gerade weil die Folgen traumatischer Erfahrungen im engeren Sinne – wie fortgesetzte schwerste Gewalterfahrungen während der Kindheit – eine empirisch nachweisbare Auswirkung für die spätere Symptomentwicklun haben, sollten diese frühen Erfahrungen sorgfältiger differenziert werden. Längsschnittstudien belegen hinreichend sicher, dass die Auswirkungen massiver körperlicher Gewalt (Egle 1993) und narzisstischer Traumatisierung auch als kumulative Traumata (Kahn 1977), d. h. sich wiederholende, leichte Traumata, zu einem erhöhten Risiko psychogener Schmerzerkrankungen führen. Der Ressourcen-orientierte Forschungsansatz kann hier nicht weiter verfolgt werden. Dennoch müssen die Auswirkungen schwerer Belastungen in Kindheit und Jugend im Zusammenwirken mit den mehr oder weniger starken schützenden (protektiven) Faktoren, die in der psychischen Widerstandskraft (Resilienz) zum Ausdruck kommen, betrachtet werden (Egle et al. 1997, Reister 1995, Tress 1996a, 1996b). Ein Risikofaktor alleine erhöht die Wahrscheinlichkeit späterer psychischer Erkrankungen nicht. Dies erscheint besonders wichtig, um Betroffene nicht von vornherein mit ihrem Selbstkonzept zu stigmatisieren: »Ich bin jemand, der schwere Gewalterfahrungen in der Kindheit gemacht hat, also muss ich als Erwachsener ›schwer gestört‹ sein!« Dies gilt auch für sexuelle Missbrauchserfahrungen, die sehr unterschiedliche Auswirkungen auf das Individuum je nach Schwere, Häufigkeit, Entwicklungsalter, Entwicklungskontext und Täter haben können (Mullen 1993, Shengold 1995, Ulich 1988).

Diejenigen, die eine solche differenzierende Sichtweise vertreten, laufen Gefahr, als Verharmloser und heimliche Verbündete der Täter missverstanden zu werden. Da eine sorgfältige Differentialdiagnostik jedoch die Vorbedingung für die Therapieplanung ist, wäre jeder diagnostische Kurzschluss unverantwortlich.

Aus lerntheoretischer Sicht ist die Löschungsresistenz von Verhaltensketten und –mustern (d. h. dass pathologisches Verhalten nicht wegkonditioniert werden kann) nach psychischer Traumatisierung klärungsbedürftig. Außerdem begünstigt die negative Verstärkung (d. h. die Bestrafung eines Verhaltens) die Chronifizierung. Die kognitiv-behaviorale Verhaltenstherapie strebt auch die Rekonstruktion von verletzten oder zerstörten Grenzen der Persönlichkeit an sowie die kognitive Veränderung von Angststrukturen (Foa et al. 1989) und »beliefs« (Annahmen z. B. über die grundsätzlich schlechte Natur des Menschen) (Guris 1995).

Im Sinne einer Synthese der verschiedenen Konzepte gehen wir heute davon aus, dass in der Kindheitsentwicklung die tatsächlichen Erfahrungen von Verführung, Vergewaltigung und Schlägen mehr tiefergehende, zerstörerische und pathogene Wirkungen haben als Phantasien solcher Erfahrungen, die zwangsläufig in der Entwicklung der sexuellen und aggressiven Impulse eines Kindes entstehen (Shengold 1995).

Differentielle Psychotraumatologie

Das komplexe Zusammenwirken von intrapsychischen Konflikten, Lernerfahrungen und traumatischen Ereignissen scheint im Erwachsenenalter auf den ersten Blick durch eine klare Operationalisierbarkeit (d. h. durch klar unterscheidbare Symptome) überschaubar. Das Diagnose-Manuale ICD-10 unterscheidet die Folgen psychischer Traumata (Posttraumatische Belastungsstörungen: F43.1) im Erwachsenenalter von anderen schweren Belastungen im Lebenslauf wie z. B. Ehekrisen oder plötzlicher Verlust eines Elternteils im Erwachsenenalter (Akute Belastungsreaktionen mit einem Zeitfenster von 14 Tagen: F43.0; länger dauernd: Anpassungsstörungen: 43.2). Die Differenzierung nach DSM IV ist entsprechend.

Psychische Traumata lassen sich nach der aktuellen Literaturlage wie folgt differenzieren:

1. Das psychische Trauma ist Folge eines kurzzeitigen (»one single blow«; Typ-I-Trauma) oder eines länger dauernden (Typ-II-Trauma) belastenden Ereignisses, das außerhalb der üblichen menschlichen Erfahrung liegt. Es ist für fast jeden belastend und wird üblicherweise mit intensiver Angst, Schrecken und Hilflosigkeit erlebt.
2. Daraus resultierende Beeinträchtigungen dauern in der Regel länger als einen Monat und manifestieren sich bei Erwachsenen oft über Hauptmerkmale der Posttraumatischen Belastungsstörung (PTBS), bei Kindern und Jugendlichen oft über anhaltende Störungen der Persönlichkeitsstruktur.
3. Das Ausmaß der Beeinträchtigung steht in Beziehung zur erlebten Schwere des Traumas. Ursächliche Handlungen von Menschen (»men-made-desaster«) und begleitende Verletzungen der körperlichen Integrität stellen fast immer komplizierende Faktoren dar.

4. Zentral für die Krankheitsentstehung (Pathogenese) ist die intrapsychische, interpersonelle (zwischenmenschliche) Desintegration, d. h. die dauerhafte Erschütterung des Selbst- und Weltverständnisses bis zum Zusammenbruch wichtiger psychischer und kognitiver Funktionen, was mit einem Erleben von Hilflosigkeit und Ausgeliefertsein einhergeht.

Erfüllt eine Situation diese Kriterien, resultiert daraus im Erwachsenenalter oft – jedoch nicht immer und schon gar nicht zwingend – eine Posttraumatische Belastungsstörung (posttraumatic stress disorder PTSD; dt.: PTBS). Im Zentrum der PTBS stehen charakteristischer Weise intrusive (d. h. hereinbrechende) »Erinnerungsbilder« des Traumas mit flash back-artiger Aktualität (»als ob man in der Situation genauso noch einmal drin steht«), vegetativen Erregungszuständen, Vermeidungsreaktionen und Alpträumen.

Unterschiedliche traumatische Erfahrungen machen Menschen in verschiedenen Altersstufen. Von einem Prädilektionsalter (also von einer bevorzugten Altersstufe) für bestimmte Traumata kann man sprechen, wenn bestimmte Formen der Traumatisierung in umschriebenen Altersstufen vorwiegend auftreten (Heuft 1996). Von den *kindlichen Erfahrungen körperlicher* oder *seelischer Gewalt* mit möglichen Rückwirkungen auf die strukturelle Entwicklung des Kindes lassen sich Traumata durch den *Wehr-* bzw. *Kriegsdienst,* durch *politische Verfolgung (Folter)* und die spezifischen Erfahrungen der *Holocaust*-Opfer unterscheiden (Kruse & Schmitt 1995, Schmitt et al. 1999). Die psychischen Auswirkungen von *extremen* Traumatisierungen wie KZ-Lagerhaft und Folter werden auch als »Komplexes Posttraumatisches Belastungssyndrom« bezeichnet. Unter den Vietnam-Veteranen leiden z. B. 31 % der männlichen und 27 % der weiblichen Veteranen an Posttraumatischen Belastungsstörungen (Friedmann 1989). Überdies werden je nach Lebensalter und Grundpersönlichkeit *schwere Unfälle, Gewalttaten* oder *Naturkatastrophen* unterschiedlich erlebt. Sie scheinen in ihren psychischen Folgen unterscheidbar von *Unfallereignissen*, bei denen durch *aktives* Führen eines Kraftfahrzeuges ein Anderer dauerhaft zu Schaden kommt. So hat die Londoner U-Bahn seit langem einen Beratungsdienst für Zugführer, die – ohne es verhindern zu können – Suizidenten auf den Bahngleisen »sehenden Auges« überfahren.

Alle diese traumatischen Erfahrungen sind im Erwachsenenalter in der Lage, eine PTBS auch bei einem bis zum traumatischen Ereignis gesunden Erwachsenen auszulösen. Ein vermutlich nicht unerheblicher Anteil älterer

Menschen hat nach Traumaerfahrungen im oben definierten engeren Sinne im Laufe ihrer Biographie zunächst kein PTBS entwickelt. Das Trauma-Ereignis scheint zunächst »folgenlos« zu sein. Es zeigt sich jedoch, dass im Abstand von 30 und mehr Jahren das Trauma in der zweiten Hälfte des Erwachsenenlebens wieder eine bedeutsame Aktualität bekommen kann.

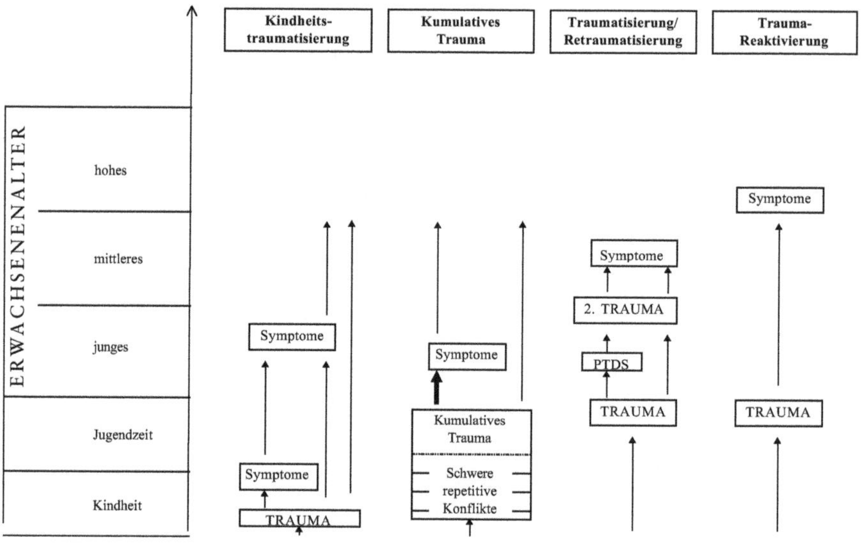

Abb. 1: Differenzielle Psychotraumatologie

In Abb. 1 wird eine solche von uns als *Trauma-Reaktivierung* bezeichnete Symptomentwicklung unterschieden von einer *Retraumatisierung*. Eine klare begriffliche Abgrenzung ist sinnvoll (dazu im Gegensatz Bergmann 1998). Retraumatisierung beschreibt die Folgen eines zweiten traumatischen Ereignisses, das der Mensch nach einem ersten Trauma (mit und ohne PTBS-Entwicklung) erlebt. Wird im Rahmen einer Therapie dagegen ein zurükkliegendes Trauma z. B. in der Erinnerung wiederbelebt, muss der Therapeut darauf achten, dass eine Traumareaktivierung nicht zu einer Retraumatisierung führt. Dies kann passieren durch forcierte Erinnerungsarbeit ohne vorangegangene Einübung intrapsychischer Absicherungsmechanismen (hierfür liegen ausformulierte Behandlungstechniken vor). Andernfalls läuft er Gefahr, dass der Patient ihn später – zumal, wenn er nicht über die Risiken vor Behandlungsbeginn aufgeklärt wurde – für solche Komplikationen haftbar macht.

Wie die schematische Darstellung in Abb. 1 verdeutlicht, liegt der Symptomausbruch bei der Traumareaktivierung im Vergleich zu den in der Kindheit Traumatisierten, bei denen oft erst Jahre später strukturelle Störungsanteile (z. B. schwerwiegende Beziehungsstörungen) auftreten, deutlich später im Lebenslauf. Der Symptomausbruch erfolgt häufig so spät, dass zunächst niemand mehr an diese Zusammenhänge denkt.

Zur klinischen Bedeutung der Trauma-Reaktivierung

Ältere Menschen können etwa durch politische Krisen (wie dem Golf-Krieg 1991) frühe Traumatisierungen mit akuter Symptombildung reaktivieren (vgl. Heuft 1993; Schreuder 1996). Auf der Suche nach den Hintergründen dieses Prozesses lässt sich eine dreifach gegliederte Hypothese formulieren. Ihre Aspekte stehen untereinander in – einem sich womöglich gegenseitig begünstigenden – Bezug. Traumatisierungen können im Alter reaktiviert werden, wenn

1. ältere Menschen – befreit vom Druck direkter Lebensanforderungen durch Existenzaufbau, Beruf und Familie – »mehr Zeit« haben, um bisher Unbewältigtes wahrzunehmen;
2. sie den unbewussten Druck spüren, noch eine unerledigte Aufgabe zu haben, der sie sich stellen wollen und müssen (»last chance sydrome«);
3. darüber hinaus der Alterungsprozess selbst (z. B. als narzisstische Kränkung) traumatische Inhalte reaktiviert.

Manche Menschen erleben den körperlichen Alterungsprozess, insbesondere wegen einer drohenden Abhängigkeit und Hilflosigkeit, als enorm beängstigend. Dieses emotionale Erleben kommt demjenigen in der traumatischen Situation, nämlich hilflos ausgeliefert zu sein, sehr nahe und kann so zu einer Reaktivierung des Traumas führen (Heuft et al. 2000). Die Geschäftigkeit im mittleren Erwachsenenalters ermöglichte es vielen Betroffenen offensichtlich, eine solche intrapsychische Dynamik bis zum späten Symptomausbruch erfolgreich abzuwehren.

Es gibt bisher noch keine gesicherten empirischen Daten, welche die klinische Relevanz der Trauma-Reaktivierung im Alter beschreiben. Dies hängt damit zusammen, dass man die Betroffenen nicht einfach »per Fragebogen« bitten kann, sich zu diesen sehr belastenden Lebensereignissen frei zu äußern. Bei einer Trauma-Reaktivierung kann sich ein breites Spektrum von Symptomen entwickeln, die sowohl für »neurotische« oder »somatoforme« Störungen als auch für PTBS typisch sind.

Das folgende Beispiel verdeutlicht, wie zurückliegende traumatische Erfahrungen bei älteren Menschen in Erscheinung treten.

Ein 75-jähriger Mann geriet nach einer ausgedehnten Karzinom-Operation, die gut verlaufen war, in eine nörgelnde Unruhe und Wut, als ihm das Versorgungsamt »nur« eine 90-prozentige Schwerbehinderung ohne die erwarteten Vergünstigungen z. B. bei den Telefon- und Fernsehgebühren anerkannte. Gerade die Tatsache, dass der Patient auf diese Vergünstigungen nicht angewiesen war, ließ den Untersucher aufhorchen. Der Patient berichtete dann mit bitterer Ironie, dass man ihm früher, vor über 30 Jahren, nicht die Folgen seiner zahlreichen Kriegsverletzungen anerkannt habe. Die entsprechenden Kompensationszahlungen seien verweigert worden. Im weiteren Gesprächsverlauf deutete sich an, dass der Patient psychisch durch sehr schwerwiegende Fronterfahrungen und körperlich durch zahlreiche Granatsplitter, die nicht entfernt werden konnten, bis auf den heutigen Tag geschädigt war. Nur durch eine psychodynamisch reflektierte Empathie (Einfühlung) seitens des Untersuchers ließ sich eine Verbindung zwischen der unerklärlichen (Kränkungs-) Wut »den Behörden« gegenüber und den früheren Erfahrungen des Ausgeliefertseins in der traumatischen (Front-)Situation erahnen.

Es liegt eine Fülle klinischer Beispiele für die Bedeutung der Trauma-Reaktivierung im Alter vor. So kann man sich beispielsweise in die »Schwierigkeiten bei der Körperpflege« bei einer pflegebedürftigen Patientin besser einfühlen, wenn man weiß, dass diese Patientin vor vielen Jahren auf der Flucht vergewaltigt wurde. Sie konnte vielleicht Situationen eines »Wiedererlebens« in ihrem bisherigen Leben dadurch verhindern, dass sie niemand körperlich näher an sich »herangelassen« hatte. Durch die notwendig gewordene intime Körperpflege steht ihr die Erinnerung an die sexuelle Traumatisierung deshalb deutlicher vor Augen, weil die Abwehrfunktionen des Ichs schwächer geworden sind. Die Pflegekraft wird körperlich so nahe erlebt wie früher der Täter in der jetzt reaktivierten Tatsituation. Wenn in einem solchen Fall aus vielerlei Gründen nicht mit der Betroffenen gearbeitet werden kann, dann ist es doch notwendig, dass die Pflegenden ein Verständnis für die traumatischen Hintergründe dieser schwierigen Pflegesituation entwickeln. Dadurch kann sowohl für die Pflegenden als auch für die Betroffene sehr viel erreicht werden.

Behandlungsansätze bei Trauma-Reaktivierung

An dieser Stelle kann kein vollständiger Überblick über alle psychotherapeutischen Behandlungsansätze der Folgen psychischer Traumatisierungen gegeben werden. Traumatogene Erfahrungen können durch ihre extreme, gewalttätige und rohe Qualität nicht nur schreckliche Erinnerungsbilder erzeugen, sondern intrapsychische Verbindungen und die Fähigkeit zum Vertrauen zerstören. Deshalb bedarf es einer qualifizierten Fachpsychotherapie, die versucht, den Strukturzusammenhang psychischer Repräsentanzen wieder zu schließen, d. h. die intrapsychischen Verbindungen wieder herzustellen. Dies ist bei *dissoziativen (d. h. mit einer Bewusstseinsspaltung einhergehenden) Störungen*, *Somatisierungsstörungen* oder *reinszenierendem Agieren* (d. h. einem Handeln, bei dem die traumatisierende Situation in Szene gesetzt wird) des Traumas oft nicht einfach.

Fachpsychotherapeuten sind verpflichtet, im Behandlungsprozess Retraumatisierungen durch adäquate Behandlungstechniken zu verhindern, wobei sich das kognitiv-behaviorale (verhaltenstherapeutische) und das psychodynamische Traumaverständnis (Jonoff-Bulman 1992) einander annähern. Bei beiden psychotherapeutischen Verfahren geht es bei Behandlungsbeginn zunächst um die Stärkung der Fähigkeit zur Selbstberuhigung und Selbstdesensibilisierung.

Mit traumaspezifischen Therapieansätzen wie der Behandlung mit der EMDR-Technik (vgl. Burgmer & Heuft in diesem Heft) können auch bei Älteren vor allem nach akuten Traumata (Typ I Traumata) aus eigener Erfahrung gute Erfolge erzielt werden. Solche speziellen Therapieansätze begründen jedoch keine eigenständigen Therapieverfahren. Sie sind nur vor dem theoretischen Hintergrund eines der beiden psychotherapeutischen Verfahren sinnvoll einsetzbar.

Für die Therapie bei der Trauma-Reaktivierung sind aufgrund der langen Latenz auch historisch-politische Kenntnisse notwendig. Über bestimmte Signale »testen« die Patienten nicht selten den Therapeuten. Sie erkunden, ob er ihnen wirklich glaubt, bevor sie sich vertieft in die Behandlung einlassen. Manche Patienten äußern zunächst auch Befürchtungen, ein deutlich jüngerer Therapeut erlebe die Schilderung traumatischer Erfahrungen möglicherweise als tendenziös oder übertrieben. Gelegentlich sind für den Betroffenen zunächst nur einzelne Erinnerungsfragmente (»Filme«) fassbar, die an bestimmten Stellen plötzlich abbrechen. Über eine empathische Bestätigung, dass der Patient selbst seine Erinnerungsarbeit regulieren könne, werden dann oft schrittweise weitere Bilder mit heftigen Scham-, Hass- oder Schuldgefühlen in der therapeutischen Beziehung deutlicher. Der Therapeut muss durch den in der Gegenübertragung (Wilson & Lindy 1994) immer wieder spürbaren Widerspruch hindurch finden, den eine Patientin so formulierte: »Frag mich, aber frag mich nicht.« Patienten wollen einerseits die wirkliche empathische Zuwendung des Therapeuten, sich andererseits jedoch vor »grenzverletzenden« drängenden Fragen schützen. Unsere noch vorläufigen klinische Erfahrungen sind eher ermutigend, auch länger zurückliegende traumatische Ereignisse zum Gegenstand der Psychotherapie zu machen. Deshalb muss man sich mit dem Patienten über die Zielsetzung einer solchen gemeinsamen Arbeit verständigen. Denn es darf kein Selbstzweck sein, die gesamten und zum Teil sehr belastenden Emotionen in der Erinnerung wiederzubeleben.

Wenn sich das Vollbild einer PTBS nach einer akuten Traumatisierung entwickelt hat, sollte man auch die Möglichkeiten medikamentöser Entlastung (z. B. durch Antidepressiva bei quälenden Alpträumen) heranziehen.

Therapeuten von akut traumatisierten Gewaltopfern sollten darüber hinaus wissen, dass auch älteren Menschen, die Opfer einer Straftat wurden, Entschädigungen nach dem Opferentschädigungsgesetz (OEG) zustehen. Dies gilt beispielsweise auch für einen Überfall mit Handtaschenraub, durch den es zu einem Oberschenkelhalsbruch und zu einer schweren Phobie kam, die es dem Betroffenen unmöglich macht, die Wohnung für alltägliche Besorgungen zu verlassen.

Diskussion – Fazit für die Praxis

Menschen, bei denen es zu einer Trauma-Reaktivierung im Alter kommt, sind oft im Intervall seit dem Traumaereignis weitgehend symptomfrei und haben per definitionem keine Posttraumatische Belastungsstörung (PTBS). Im Alter treten nach der Reaktivierung des Traumas eher andere psychische oder somatoforme Störungen auf (Schneider et al. 2003 a; b).

Zunehmend gibt es auch Untersuchungen über die Folgen der Weitergabe psychischer Inhalte von der traumatisierten Elterngeneration auf die nachfolgende Generation, auch wenn die erlebten Traumata bewusst verschwiegen wurden (Kruse & Schmitt 1995). Diese sogenannte »transgenerationale Transmission« (Kogan 1990) kollektiver Extremtraumatisierung verursacht bei Menschen der sogenannten Zweiten Generation nach dem Holocaust nicht selten einen erheblichen Leidensdruck, der sich oft nur mühsam aufklären und verstehen lässt (Eckstaedt 1989).

Die psychischen Folgen von Traumata stehen in einer permanenten Wechselbeziehung zu den inneren bewussten und unbewussten Phantasien und den neurotischen Konflikten. Allerdings wissen wir über diese Wechselbeziehung noch wenig (Shengold 1989). Daher ist es besonders wichtig, dass bei neu auftretenden psychogenen Symptomen im Alter neben der Möglichkeit der späten Auslösung neurotischer Konflikte auch die Möglichkeit einer Trauma-Reaktivierung bedacht wird.

Unsere therapeutischen Bemühungen sollten nicht verschleiern, dass Psychotherapie oftmals nicht das »heilen« kann, was Menschen in den seelischen Strukturen anderer Menschen zerstört haben. Jedoch ist im Hinblick auf unsere psychotherapeutischen Möglichkeiten bei älteren Menschen mit Spätfolgen traumatischer Erfahrungen weder ein Nihilismus, der die Betroffenen alleine lassen würde, noch eine übertriebene Erwartungshaltung angebracht.

Literatur

Bergmann MV (1998) Die Angst vor Retraumatisierung und die Abwehrfunktion der negativen therapeutischen Reaktion. In: Schlösser A, Höhfeld K (Hg) Trauma und Konflikt. Gießen (Psychosozial-Verlag), S. 33–50.

Eckstaedt A (1989) Nationalsozialismus in der »zweiten Generation«. Psychoanalyse von Hörigkeitsverhältnissen. Frankfurt (Suhrkamp).

Egle UT (1993) Mißbrauch und emotionale Deprivation bei psychogenen Schmerzpatienten. Fundamenta Psychiatrica 7: 92–99.

Egle UT, Hoffmann SO, Steffens M (1997) Pathogene und protektive Entwicklungsfaktoren in Kindheit und Jugend. In: Egle UT, Hoffmann SO, Joraschky P (Hg): Sexueller Mißbrauch, Mißhandlung, Vernachlässigung. Stuttgart, New York (Schattauer), S. 3–20.

Foa EB, Steketee G, Olasov B (1989) Behavioral/Cognitive conceptualization of posttraumatic stress disorder. Behav Ther 20:155–176.

Freud S (1895): Studien über Hysterie. GW Bd I.

Friedmann MJ (1989) Towards rational pharmacotherapy for posttraumatic stress disorder: an interim report. Am J Psychiat 145:281–285.

Guris NF (1995) Die sexuelle Folter von Männern als weltweit systematische Methode der Folter. In: Attia I (Hg.) Multikulturelle Gesellschaft – monokulturelle Psychologie? Tübingen (DGVT-Verlag).

Heuft G (1993) Psychoanalytische Gerontopsychosomatik – Zur Genese und differentiellen Therapieindikation akuter funktioneller Somatisierung im Alter. Psychother Psychosom med Psychol 43:46–54.

Heuft G (1996) Notfälle. In: Senf W, Broda M (Hg) Praxis der Psychotherapie. Stuttgart (Thieme), S. 485–490.

Heuft G, Kruse A, Radebold H (2000) Lehrbuch der Gerontopsychosomatik und Alterspsychotherapie. UTB-Lehrbuch. München (Reinhardt).

Jonoff-Bulman R (1992) Shattered assumptions: Towards a new psychology of trauma. New York (Free Press).

Khan M (1977) Das kumulative Trauma. In: Khan M (Hg) Selbsterfahrung in der Therapie. Theorie und Praxis. München (Kindler), S. 50–70.

Kogan IA (1990) A journey to pain. Int J Psychoanal 71: 629–640.

Kruse E, Schmitt E (1995) Wurden die in Lagerhaft erlittenen Traumatisierungen wirklich verarbeitet? Ergebnisse aus einem Forschungsprojekt zu psychischen Nachwirkungen des Holocaust. In: Heuft G, Kruse A, Nehen H G, Radebold H (Hg) Interdisziplinäre Gerontopsychosomatik. München (MMV Medizin Verlag), S. 31–42.

Mullen PE, Martin JL, Anderson JC et al. (1993) Childhood sexual abuse and mental health in adult life. Br J Psychiat 163:721–732.

Reister G (1995) Schutz vor psychogener Erkrankung. Göttingen (Vandenhoeck & Ruprecht).

Schmitt E, Kruse A, Re S (1999) Formen und Einflußfaktoren der Auseinandersetzung mit belastenden Erinnerungen bei Überlebenden des Holocaust. Z Psychosom Med Psychother 45:279–297.

Schneider G, Driesch G, Kruse A, Wachter M, Nehen HG, Heuft G (2003) Ageing styles: subjective well-being and body complaints in inpatients aged ≥60 years. Psychosom Psychother 72:324–332.
Schneider G, Wachter M, Driesch G, Kruse A, Nehen HG, Heuft G (2003) Subjective Body Complaints as an Indicator of Somatization in Elderly Patients. Psychosomatics 44:91–99.
Schreuder JN (1996) Posttraumatic Re-experiencing in Older People: Working through of Covering up? Amer J Psychother 50:231–242.
Shengold L (1995) Seelenmord – die Auswirkungen von Missbrauch und Vernachlässigung in der Kindheit. Frankfurt (Brandes und Apsel).
Terr LC (1991) Childhood traumas: an outline and overview. Amer J Psychiat 148:10–30.
Tress W (1986a) Das Rätsel der seelischen Gesundheit. Traumatische Kindheit und früher Schutz gegen psychogene Störungen. Göttingen (Vandenhoeck & Ruprecht).
Tress W (1986b) Die positive frühkindliche Bezugsperson. Der Schutz vor psychogenen Erkrankungen. Psychother Psychosom med Psychol 36: 51–57.
Ulich M (1988) Risiko- und Schutzfaktoren in der Entwicklung von Kindern und Jugendlichen. Z Entwicklungspsychol Pädagog Psychol 20:146–166.
Wilson JP, Lindy JD (1994) Countertransference in the treatment of PTSD. New York (Guilford).

Korrespondenzanschrift

Univ.-Prof. Dr. med. Gereon Heuft
Klinik und Poliklinik für Psychosomatik und Psychotherapie
Universitätsklinikum Münster
Domagkstraße 22
48129 Münster
Tel.: 0251 / 8352902
Fax: 0251 / 8352903
E-mail: heuftge@mednet.uni-muenster.de

2003 · 553 Seiten · Broschur
EUR (D) 36,00 · SFr 62,00
ISBN 3-89806-229-5

Mit 203 Kurzbiographien und Werkübersichten ist dieses Lexikon ein umfangreiches und unentbehrliches Nachschlagewerk für diejenigen, die sich mit der Geschichte zwischen 1933 und 1945 unter den Gesichtspunkten weiblichen Schreibens und der Emigration vertraut machen wollen. Wall stellt neben berühmten Autorinnen wie Nelly Sachs und Anna Seghers auch unbekannte, unerforschte Schriftstellerinnen vor und bewahrt sie so vor dem Vergessen. Das Lexikon dient dabei dem wichtigen und richtigen Ziel, ein Stück verborgener (weiblicher) Geschichte zu erforschen.

Erzähltechniken bei der Therapie posttraumatischer Belastungsstörungen bei älteren Menschen: Life-Review und Testimony

Andreas Maercker und Julia Müller

Zusammenfassung

Bei der Psychotherapie posttraumatischer Belastungsstörungen (PTBS) werden verschiedene wissenschaftlich geprüfte (evidenz-basierte) Therapieelemente unterschieden. Bei der Standardform der Traumaexposition, also der Konfrontation mit dem erlebten Trauma, steht das bildliche (imaginative) Nacherleben des Traumas mit allen sinnlichen bzw. sensorischen Qualitäten im Mittelpunkt. Vorgehensweisen, die sich auf die Erzählung über das Trauma konzentrieren, werden als narrative Expositionstechniken bezeichnet. Als Formen einer solchen narrativen Exposition werden zwei Techniken vorgestellt und an Fallbeispielen erläutert: die Lebensrückblick-Technik (Life-Review) und die Zeugenschaft-Technik (Testimony). Wir plädieren dafür, dass hierzu im Bereich der Psychotherapie älterer Menschen noch weitere systematische Forschungsarbeit geleistet werden sollte.

Schlüsselworte: Posttraumatische Belastungsstörung, Expositionstechnik, Life-Review, Testimony-Therapie

Abstract: Narrative exposure techniques in the treatment of posttraumatic stress disorder in elderly subjects: Life Review and Testimony

Different evidence-based elements exist in the psychotherapy of posttraumatic stress disorder. We introduce different kinds of trauma exposure - approaches focusing mainly on the narration of the trauma: narrative exposure techniques. We outline life review and testimony therapy and present case studies. In conclusion we emphasize the need for further systematic research with respect to the use of these techniques in the psychotherapy of elderly patients.

Key words: Posttraumatic stress disorder, exposure techniques, life review, testimony therapy

Ein Fall aus der Praxis

Eine 1930 geborene Patientin erzählte in unserer Ambulanz an der Universität Dresden von ihrer 1945 erlebten Vergewaltigung. Sie meinte, dadurch ein Leben lang Depressionen, Schlaflosigkeit, Alpträume, Angstzustände als auch körperliche Gesundheitsschäden (z. B. Erblindung eines Auges, Hüftbeschwerden) erlitten zu haben. Die Vergewaltigung geschah beim Einmarsch russischer Truppen in ihr Dorf. Die Patientin war damals 15 Jahre alt. Drei russische Soldaten seien in das elterliche Haus eingedrungen. Während ihre Eltern ausgesperrt worden seien, wurde sie im Schlafzimmer der Eltern von einem der Soldaten vergewaltigt. Die anderen beiden Soldaten warteten vor der Tür mit der Absicht, sie danach ebenfalls zu vergewaltigen. Um sie am Schreien zu hindern, habe der erste Soldat ihr während der Vergewaltigung seine Pistole in den Mund gehalten. Als der Soldat seinen nächsten Kameraden holen wollte, sei sie aus dem Fenster gesprungen. Bei diesem Sprung aus dem ersten Stock habe sie sich verletzt. Die Soldaten hätten hinter ihr her geschossen, sie aber nicht getroffen. Über Nacht habe sie sich in der nahe gelegenen Kirche versteckt, wo sie von den Soldaten nicht gefunden worden sei. Sie hatte lebensbedrohliche Verletzungen und wurde in den folgenden Wochen heimlich medizinisch versorgt, denn die russischen Besatzer hatten den Ärzten untersagt, die Bevölkerung zu behandeln.

Die Patientin gab an, seit der Vergewaltigung ein anderer Mensch zu sein: Sie schäme sich nach wie vor für das Erlebte, fühle sich besudelt und schuldig. Direkt nach der Tat habe sie wochenlang den ganzen Tag geweint und sich vergiften wollen. Letzteres hätte ihre Mutter verhindert, indem die Familie rund um die Uhr auf sie aufgepasst hätte. Sie sei fortan nicht mehr aus dem Haus gegangen, habe sich nicht mehr mit ihren Freundinnen getroffen und aus Scham und Angst vor Männern nie mehr Veranstaltungen besucht. Die Patientin befand sich nie in psychiatrischer oder psychologischer Behandlung. Aus Scham habe sie ihren Ärzten die Vergewaltigung verschwiegen.

Im Rahmen einer strukturierter Diagnostik stellten wir eine chronische posttraumatische Belastungsstörung (PTBS), eine Panikstörung mit Platzangst (Agoraphobie) und ein chronisch depressives (dysthymes) Syndrom fest. Wir haben uns überlegt, welches Psychotherapieangebot wir dieser Patientin machen könnten. Wegen des zentralen Stellenwerts der Vergewaltigung und der Chronizität der Traumasymptomatik sollte die Behandlung der PTBS im Mittelpunkt stehen. Im Folgenden wollen wir beschreiben, warum wir als kognitive Verhaltenstherapeuten dabei nicht eines der Standardverfahren der PTBS-Therapie, sondern – aufgrund des Lebensalters der Patientin – eine Form der narrativen Exposition anwenden wollten. Dazu sollen zunächst die Besonderheiten der PTB im Alter beschrieben werden.

Posttraumatische Belastungsstörung im Alter

Eine PTBS ist durch ein typisches Muster von Symptomen gekennzeichnet, die infolge eines traumatischen Erlebnisses auftreten: Intrusion, Vermeidungsverhalten, emotionale Betäubung und physiologische Übererregung. Als Intrusion werden plötzlich hereinbrechende Erinnerungen an das traumatische Ereignis bezeichnet. Als Trauma wird dabei ein kurz- oder langanhaltendes Geschehen von außergewöhnlicher Bedrohung mit katastrophalem Ausmaß aufgefasst, dass bei nahezu jedem Menschen tiefgreifende Verzweiflung auslösen würde.

Bei älteren Menschen kann man zwischen drei PTBS-Arten unterscheiden (Maercker 2002):

- Chronische PTBS wie im Fall der Patientin. Neuere Studien ergaben, dass bis zu 5% aller älteren Menschen aus deutschen und englischen Regionen aufgrund der Erlebnisse im Zweiten Weltkrieg unter einer chronischen PTBS leiden (Hunt & Robbins 2001, Maercker, Herrle & Grimm 1999).
- Aktuelle PTBS: Von den Traumata, die ältere Menschen in späteren Lebensphasen erleiden können, sind bisher nur kriminelle Gewalterlebnisse ausführlich untersucht worden.
- Verzögerte oder reaktivierte PTBS: Berichte einiger Patienten legen nahe, dass sie nach traumatischen Erlebnissen über Jahre oder Jahrzehnte hinweg störungsfrei waren und die belastenden Erinnerungen erst im höheren Lebensalter wiederkommen.

Formen der Traumatherapie

Therapieschulen übergreifend kann man die spezifischen Methoden der Therapie einer posttraumatischen Belastungsstörung in folgende Techniken einteilen.

Traumaexposition

Expositionstechniken haben das Ziel, die PTBS-Symptomatik durch eine wiederholte Aktivierung der Traumaszenen zu reduzieren. Im Rahmen verschiedener therapeutischer Vorgehensweisen wurde folgende Erfahrung gemacht: Die zielgerichtete kontraphobische Erinnerung an das Trauma – also das Nichtausweichen vor der Angst vor dem Trauma (Exposition in sensu) – führt zu einer wesentlichen Besserung der Befindlichkeit. Formen der Traumaexposition sind die In-sensu-Exposition nach Foa, die Eye-Movement-Desensitization-Reprocessing (EMDR) nach Shapiro, Teile der Imaginationsarbeit nach Reddemann sowie die hier vorzustellenden Formen der narrativen Exposition.

Kognitive Umstrukturierung bzw. Schemaarbeit

Bereiche, in denen nach einer Traumatisierung kognitive und emotionale Veränderungen auftreten, sind z. B. das Sicherheitsgefühl, das Vertrauen können, übermäßige Scham- und Schuldgefühle sowie Ärger, Wut und Rache. Ziel einer Traumatherapie ist aus diesem Grund auch immer die Bearbeitung dieser veränderten Einstellungen zum Selbst, zu den Anderen und zur Welt. Wir bevorzugen für Patienten des (mittleren) Erwachsenenalters eine therapeutische Vorgehensweise, bei der die kognitive Umstrukturierung, insbesondere der Schuld- und Ärgergefühlen parallel zur Traumaexposition durchgeführt wird.

Ressourcenarbeit

Bei Traumapatienten kann auf frühere, prätraumatische positive Erfahrungen und/oder auf eine subjektive, posttraumatische persönliche Reifung (»*Meine Erlebnisse haben mich dazu gebracht, dass ich mein Leben später viel bewusster gestaltet habe*«) zurückgegriffen werden. Zur Ressourcenarbeit gehören verschiedene Stabilisierungstechniken, die mithilfe imaginativer Übungen durchgeführt werden können (Reddemann 2001).

Bei der Therapie älterer PTBS-Patienten entsteht die Frage, welche der eben dargestellten Therapieformen am besten geeignet ist. Wir befürworten insbesondere die Formen der narrativen Exposition neben der kognitiven Umstrukturierung und Ressourcenarbeit, nämlich die Life-Review-Technik[1] und die Testimony-Methode.

Narrative Exposition bei älteren Patienten

Bei narrativen Expositionstechniken steht das Erzählen über das Trauma im Mittelpunkt. Die Beschränkung auf den *Erzählmodus* als zentrales therapeutisches Mittel bei älteren Patienten beruht auf der Annahme, dass sich die PTBS-Merkmale im höheren Lebensalter in drei Bereichen von denen im jüngeren oder mittleren Erwachsenenalter unterscheiden (vgl. ausführlich in Maercker 2002, S. 253ff). Diese Bereiche betreffen

- den Stellenwert der Lebensbilanz. Entwicklungspsychologisch kann man den Lebensrückblick definieren als Vergegenwärtigung sowohl positiver als auch negativer Erinnerungen. Ältere Menschen ziehen häufiger Bilanzen und nutzen den zeitlichen Vergleich (von jetzt und früher) zur Regulation ihrer aktuellen psychischen Befindlichkeit;
- ein verändertes Traumagedächtnis. Erinnerungen an das Trauma sind im Gedächtnis nicht oder nur ungenügend nach dem Bedeutungsgehalt strukturiert. Deshalb werden Traumaerinnerungen inbesondere durch die Veränderung der Erinnerungsfähigkkeit im Alter nur bruchstückhaft, instabil und damit leicht ablenkbar um einzelne Sinneseindrücke herum deutlich.
- die Bedeutung der Sinnfindung. Ältere Menschen haben aufgrund ihres Alters höhere Bewältigungskompetenzen und eine intensivierte Fähigkeit zur Sinngebung.

Insbesondere das Modell des veränderten Traumagedächtnisses von Brewin et al. (1996) bietet sich als Therapiemodell in diesem Kontext an, um die Wirkungen von nicht expositions-betonten, auf das Erzählen des Traumas ausgerichteten narrativen Techniken zu begründen.

Life-Review-Technik

Lebensrücksblicks-Interventionen werden als psychotherapeutische Verfahren seit Jahren in der Gerontologie angewandt (Haight & Webster 1995). Die Lebensrückblickstherapie ist ein therapeutisch angeleiteter Prozess des Erinnerns, Organisierens und Bewertens der aufeinander folgenden Abschnitte des Lebenslaufs. Die Fragen und Erläuterungen des Therapeuten sollen dem Patienten ermöglichen, früheren Lebensabschnitten eine veränderte Bedeutung beizumessen und für das gegenwärtige Selbst ein erweitertes Verständnis zu erwerben. Im Folgenden wird ein von Maercker (2002) entwickeltes strukturiertes Vorgehen beschrieben.

Vorbereitung:

Zunächst werden die Ziele und das konkrete Vorgehen durchgesprochen. Je nach Bildungsstand bzw. Auffassungsgabe der Patienten kann die Begründung für das Vorgehen variieren. Bei Patienten mit guter Auffassungsgabe kann sich die Diskussion direkt an den theoretischen Ausgangspunkten orientieren, nämlich am Stellenwert der Lebensbilanz, am Traumagedächtnis sowie an der Sinnfindung. Mit diesen Patienten wird besprochen, dass etwas für die Veränderung in diesen drei Bereichen getan werden soll.

Bei Patienten mit einfacherer Auffassungsgabe können dafür einfache Sätze gewählt werden, z. B. »Sich an die Kindheit erinnern verschafft oft große Freude und bringt Menschen in eine gute Stimmung. Das ist besonders wichtig für Menschen, die manchmal Probleme haben. Durch solche Erinnerungen kann man sich nämlich manchmal durch aktuelle Probleme hindurch helfen. Ich denke, dass das Leben vieler Menschen sehr interessant ist und würde mich freuen, wenn Sie mir in den nächsten Stunden detaillierte Geschichten aus ihrem Leben erzählen, an die sie sich erinnern.«

Dem Patienten wird erläutert, dass zwischen 10 und 15 Sitzungen nötig sind, um wichtige Stationen seines Lebens zu besprechen. Weiterhin wird er gebeten, zu jeder Stunde passende persönliche Erinnerungsgegenstände, z. B. Fotos, Briefe und Tagebuchaufzeichnungen mitzubringen.

Abfolge der Therapiestunden:

Das Vorgehen orientiert sich an den Lebensaltersabschnitten. Jedes Lebensalter von der Kindheit bis zum jetzigen Alter wird in einer in sich abgeschlossenen Form mindestens eine Sitzung lang besprochen. Als Einstieg für die Besprechung der Kindheit können zum Beispiel folgende Formulierungen gewählt werden: »*Heute möchte ich beginnen, mit Ihnen über Ihr Leben zu reden. Lassen Sie uns mehr oder weniger mit dem Anfang beginnen. Es ist besser, wenn wir chronologisch vorgehen und mit den frühesten Erinnerungen starten. Es ist erst einmal nicht so wichtig, wie weit wir mit dem Erinnern kommen. Was sind einige Ihrer frühesten Erinnerungen?*«

Meist ist die Erinnerung an die (prätraumatische) Kindheit und Jugend besonders gut. Aus diesem Grund werden oft mehr Sitzungen für diese Phasen verwandt als für die darauf folgenden Lebensjahrzehnte. Wichtig ist es, nicht nur die Erinnerungen schildern zu lassen, sondern die Reflektion des Patienten über diese Erinnerungen anzuregen. Dies passiert durch wiederholtes Fragen: »*Was hat das für Sie damals bedeutet?*«

Fragen, die zum Erwachsenenalter gestellt werden können, sind z. B. »In welche Abschnitte können Sie ihr Leben einteilen? Gab es bestimmte Phasen, die einen abgeschlossenen Lebensabschnitt darstellen?«, »Wie waren Sie damals? Worauf legten Sie Wert? Was war Ihnen wichtig?«, »Was waren Ihre Stärken?«, »Hatten Sie Freude an Ihrer Arbeit? Welche Bedeutung hatte diese Tätigkeit für Sie?«.

Rückblick auf das Trauma:

Die Stunde, in der über das Trauma gesprochen wird, hat naturgemäß einen besonderen Stellenwert. Der Therapeut gibt zu verstehen, dass er weiß, wie schwierig es für den Patienten sein kann, sich in großer Ausführlichkeit mit dem schrecklichen Erlebnis auseinander zu setzen. Die Schwere des Traumas wird durch den Therapeuten gewürdigt (»*Das muss eine ganz furchtbare Zeit für Sie gewesen sein*«). Erst zum Abschluss der Sitzung bzw. in der folgenden Sitzung wird nach positiven Aspekten (z. B. der eigenen Bewältigung) und Veränderungen durch das Überstehen des Traumas gefragt (z. B. »*Haben Sie bei sich selbst festgestellt, dass Sie etwas Positives aus dieser Lebenserfahrung gezogen haben?*«). Falls dies verneint wird, kann das Thema des Abschluss-Findens angesprochen werden: »*Haben Sie einen Abschluss für sich selber finden können? Wie sieht er aus? Wie könnte er aussehen?*«. Ziel dieser Intervention ist die Integration des Traumas in die Lebensbilanz.

Abschließende Sitzungen:

Wichtig ist es, in den nachfolgenden Stunden die auf die Traumatisierung folgenden Lebensphasen zu besprechen, da dies ein wesentliches Ziel des Lebensrückblicks ist: »*Das Trauma ist nur einer der Abschnitte des Lebens*«.

In den abschließenden Sitzungen, in denen es um die Integration und wiederholte Bewertung des bisherigen Lebens geht, werden Fragen gestellt wie: »*Wir haben nun eine Weile über Ihr Leben gesprochen, berichten Sie doch jetzt über Ihre persönliche Entwicklung, über das, was Sie im Leben dazu gelernt haben! Was würden Sie als die drei wichtigsten Dinge in Ihrem Leben bezeichnen? Warum?*«, »*Was würden Sie ändern, besser machen, unverändert lassen?*« und »*Was sind heute die wichtigsten Dinge in Ihrem Leben?*«.

Beispiel einer Therapie

Eine 60-jährige Patientin bemerkte seit Jahren an sich, dass sie von der Kriegsopfer-Thematik stark berührt wurde. Im Alter von sechs Jahren erlebte sie in einer österreichischen Stadt eine schwere Bombardierung. Da ihre Mutter zum Zeitpunkt des Angriffs nicht in der Wohnung war, musste sich die Patientin alleine um ihre drei jüngeren Geschwister kümmern. Als weitere traumatische Erfahrung gab sie an, dass sie im Alter von 22 Jahren Typhusfieber hatte und der Arzt ihr sagte, dass sie nicht mehr lange zu leben hätte. Als aktuelles Problem gab sie eine Verletzungsangst an, ein großes Blutgefäß verliefe irregulär durch ihr Kniegelenk und eine Verletzung könne zu massiven Blutungen führen. Mit strukturierter Diagnostik wurde eine verzögerte PTB, eine somatoforme Störung und eine Schlafstörung (Insomnie) festgestellt.

Die Life-Review-Therapie begann mit einer Einzelsitzung über die prätraumatische Kindheit der Patientin, die sie als glücklich beschrieb. Schon in der zweiten Sitzung wurde das Trauma der Bombardierung besprochen. Zunächst beschrieb sie die Ereignisse in sehr summarischer Form. Nur auf Nachfragen ging sie mehr ins Detail. Ihr Mut, den sie beim Schutz ihrer jüngeren Geschwister gezeigt hatte, wurde ausführlich gewürdigt und bestärkt.

In der dritten Sitzung wurden das Typhusfieber und die damalige Befürchtung der Patientin, dass sie mit 22 Jahren sterben würde, besprochen. Ihr wurde es ermöglicht, ihre Trauer darüber auszudrücken, dass ihr Jahre des Lebens wegen des Kriegs geraubt worden waren. Auf die Frage nach positiven Aspekten in dieser Lebensphase antwortete sie, dass sie damals begonnen hätte, ihr Leben zu planen und bewusster zu leben.

In den therapeutischen Gesprächen erzählte die Patientin immer wieder, dass sie seit langem überlege, ein Buch über ihre traumatischen Kriegserlebnisse zu schreiben. Obwohl die traumatischen Erfahrungen in jeder Lebensphase sehr relevant für sie waren, habe sie das Buchschreiben seit 30 Jahren immer wieder hinausgezögert. Stattdessen habe sie an verschiedenen gemeinnützigen Aktivitäten teilgenommen bzw. diese initiiert.

Im Verlauf der Therapie stellte sich bei der Patientin eine rasche Besserung ein. Insbesondere wurden die unwillkürlichen belastenden Erinnerungen (Intrusionen) vermindert. Die testpsychologische Untersuchung ihrer PTB-Symptomatik vor, während und nach Abschluss der Therapie ergab eine nachhaltige Reduktion der Werte (Maercker 2002a). Ihre Ein- und Durchschlafstörungen besserten sich indes nicht. Als Grund für die anhaltenden Schlafstörungen vermutete die Patientin die große Belastung durch ihr Ehrenamt.

Für diese Patientin war es wichtig, dass ihre Berichte über das Überstehen der traumatischen Erfahrungen, über ihre Motivation, darüber ein Buch zu schreiben und über ihre jetzigen und früheren Ehrenämtern durch die Therapeutin bestätigt wurden.

Am Beispiel der Patientin lässt sich ein weiteres Verfahren begründen – die Testimony-Technik – , da sie von sich aus den Wunsch geäußert hatte, ein Buch über ihre Erfahrungen zu schreiben.

Testimony-Technik

Zentraler Bestandteil der Testimony-Methode ist die *Zeugenschaft* für andere. Psychotherapeuten aus Chile beschrieben das Testimony-Verfahren in der Zeit der Diktatur (Cienfuegos & Monelli 1983). Sie hatten Traumaerzählungen gesammelt, um die Verfolgungen zu dokumentieren. Dabei bemerkten sie, dass das Zeugnis-Abgeben den Opfern auch in einem therapeutischen Sinne half. Bei der Testimony-Methode berichten die Opfer – mit Unterstützung des Therapeuten – über das Erlebte zunächst mündlich. Dieser Bericht wird auf Tonband aufgenommen, später abgeschrieben und so zu einem Dokument, das neben der Lebensgeschichte des Patienten auch seine traumatischen Erfahrungen umfasst. Danach wird das fertige Dokument von Patient und Therapeut unterschrieben. Die Patienten entscheiden wie sie diese Dokumente nutzen wollen. Sie können sie für sich selbst aufbewahren oder aber Kopien an Freunde oder eine Menschenrechtsorganisation geben. Mehrere Studien belegen die Wirksamkeit der Methode (Dijk et al. 2003).

Gewöhnlich fällt es den Trauma-Patienten sehr schwer, über die extrem belastenden Anteile der Lebenserinnerungen zu sprechen. Der Schwerpunkt der therapeutischen Intervention liegt deswegen in der aktiven Wiederherstellung der Erinnerungen an traumatische Erfahrungen. Ziel ist dabei, zu einer konsistenten Erzählung zu gelangen. Der Therapeut ermutigt den Patienten, sich trotz der schmerzhaften Gefühle ausführlich mit den Erlebnissen auseinander zu setzen. Dabei wird der Ausdruck der Emotionen als heilsamer Prozess zur Verarbeitung des Erlebtem benutzt. Der Therapeut verlangsamt das Vorgehen immer dann, wenn der Patient in der Gefahr ist, durch die Erinnerungen überwältigt zu werden.

Ein Ausschnitt aus einer Therapie

Therapeut: *Die Polizei schoss und hat Ihren Freund angeschossen. Sie haben ihm geholfen und dann wurden Sie verhaftet.*
Patient: *Ihn hat eine Kugel getroffen und ich dachte er stirbt.*
Therapeut: *Und im Gefängnis dachten Sie, dass Sie selbst auch sterben würden.*
Patient: *Ja.*
Therapeut: *Wurden Sie im Gefängnis schlecht behandelt oder gefoltert?*
Patient: *Ja. (Stille)*
Therapeut: *Wollen Sie darüber erzählen? Ich sehe in Ihrem Gesicht, dass es hart für Sie ist, darüber zu reden, ja?*
Patient: *(Stille, Weinen)*
Therapeut: *Was für Erinnerungen kommen jetzt hoch?*
Patient: *Das Gefängnis (zeigt auf seinen Kopf)*
Therapeut: *Ihr Kopf?*
Patient: *Mit (macht eine Geste)*
Therapeut: *Mit einem Gegenstand? Ihr Kopf? Wurde Ihr Kopf mit einem Gegenstand geschlagen?*
Patient: *Ja, überall, nicht nur dort. Es war schrecklich.*
Therapeut: *Ich sehe eine Narbe. Sie haben Sie überall geschlagen.*

Der Therapeut ermutigt den Patienten, seine Geschichte zu erzählen. Die Auseinandersetzung mit den gefürchteten Erinnerungen steht jedoch nicht im Mittelpunkt. Der Therapeut kann dem Patienten helfen, den politischen und historischen Kontext seiner traumatischen Erfahrungen zu definieren. Keine der Aussagen des Patienten über seine individuellen Erlebnisse wird vom Therapeuten in Frage gestellt. Allerdings kann der Therapeut bei Unstimmigkeiten im Bericht oder bei historisch inkorrekten Fakten um Klarstellungen seitens des Patienten bitten.

Die Testimony-Methode ist auch für Personen geeignet, die nicht literarisch gebildet sind, sogar für Analphabeten. Ein Nachteil der Methode ist der relativ hohe Aufwand der Abschrift (Transkription). Im Falle beschränkter Ressourcen können zusammenfassende schriftliche Dokumente anstelle ausführlicher Abschriften erstellt werden. Sowohl die Life-Review- als auch die Testimony-Methode sind geeignet, um bei älteren Kriegsopfern angewandt zu werden. Den Ausschlag für die Wahl der konkreten Methode mag die Präferenz des Therapeuten, eine vermutete Bevorzugung durch den Patienten oder der Stellenwert des Traumas im öffentlichen Bewusstsein sein: Traumen, die ein stärkeres öffentliches Mitgefühl erzeugen, eignen sich möglicherweise besser für die Testimony-Methode.

Resümee für die Praxis

Erst in jüngster Zeit wurde erkannt, dass für die Psychotherapie älterer Menschen andere Maßnahmen sinnvoll sind, als für Patienten im mittleren Erwachsenenalter. Das ist einerseits durch altersabhängige kognitive Veränderungen begründet, andererseits aber durch eine möglicherweise veränderte Einstellung zu lange zurückliegenden Ereignissen, also durch eine lebensspannenbezogene Sichtweise. Für die Behandlung älterer PTBS-Patienten bieten sich insbesondere die Life-Review- und die Testimony-Therapie an. Bei beiden Techniken steht das Erzählen des Traumas im Vordergrund, ohne dass die sinnlichen bzw. sensorischen Erinnerungen im Mittelpunkt stehen und provoziert werden. Die Testimony-Therapie hat sich in jüngerer Zeit als wertvolles Verfahren bei der Behandlung älterer PTBS-Patienten erwiesen. Beide Verfahren werden bei den von uns behandelten Patienten gut angenommen und reduzieren die angezielte PTBS-Symptomatik deutlich. Ein Vorteil der Verfahren ist, dass sie sich aber auch auf andere wichtige Lebensbereiche beziehen (z. B. generelle Bilanz, Sinngebung). Dies ermöglicht, die Erfahrungen zu integrieren und gleichzeitig zu relativieren.

Anmerkung

1 Die Bevorzugung der englischsprachigen Begriffe Life-review und Testimony gegenüber ihren deutschen Übersetzungen möchten wir damit begründen, dass sie als Termini technici der Psychotherapie gebraucht werden und in der englischen Form international kommunizierbar sind.

Literatur

Brewin CR, Dalgleish T, Joseph S. (1996) A dual representation theory of posttraumatic stress disorder. Psychological Review 103:670–686.

Cienfuegos AJ, Monelli C (1983) The testimony of political repression as a therapeutic instrument. American Journal of Orthopsychiatry 53:43–51.

Dijk,JA van, Schoutrop MJA, Spinhoven P (2003) Testimony therapy: Treatment method for traumatized victims of organized violence. American Journal of Psychotherapy 57:361–373.

Haight BK, Webster JD (1995) The art and science of reminiscing: Theory, research, methods and applications. Washington (Taylor & Francis).

Hunt N, Robbins I (2001) The long-term consequences of war: the experience of World War II. Aging and Mental Health 5:183–190.

Maercker A (2002) Posttraumatische Belastungsstörungen und komplizierte Trauer: Lebensrückblicks- und andere Interventionen. In: Maercker A (Hg) Alterspsychotherapie und klinische Gerontopsychologie. Berlin (Springer) S. 245–282.

Maercker A (2002a) Life-review technique in the treatment of PTSD in elderly patients: Rationale and three single case studies. Journal of Clinical Geropsychology 8:239–249.

Maercker A (Hg) (2003) Therapie der Posttraumatischen Belastungsstörungen (2. Aufl) Berlin (Springer).

Maercker A, Herrle J, Grimm I (1999) Dresdener Bombennachtsopfer 50 Jahre danach. Eine Untersuchung patho- und salutogenetischer Variablen. Zeitschrift für Gerontopsychologie und -psychiatrie 3:157–167.

Reddemann L (2001) Imagination als heilsame Kraft. Stuttgart (Klett-Cotta).

Korrespondensadresse

Prof. Dr. Dr. Andreas Maercker
Universität Zürich
Psychologisches Institut
Klinische Psychologie und Psychotherapie
Zürichbergstraße 43
CH – 8044 Zürich
E-mail: a.maercker@psychologie.unizh.ch

Spätfolgen von Traumatisierungen – Möglichkeiten und Erfordernisse stationärer Therapie

Luise Reddemann

Zusammenfassung

Eine (teil-)stationäre psychotherapeutische Behandlung für traumatisierte Patientinnen und Patienten ist notwendig, wenn eine intensive, kombinierte Therapie unabhängig vom belastenden Milieu angestrebt wird. Am Beispiel einer 65-jährigen Patientin mit einer schweren, chronifizierten Belastungsstörung durch eine Traumatisierung in der Kriegs- und Nachkriegszeit wird die spezifische Arbeitsweise mit älteren Patienten aufgezeigt. Dabei ist es wichtig, dass alte Menschen die Kontrolle über das therapeutische Vorgehen haben, wenig durch die Klinikordnung gestresst werden und die analytische Arbeit durch ressourcenzentrierte Vorgehensweisen ergänzt wird. Einzelne Techniken (Stabilisierung, Arbeit mit dem »inneren Kind«, Beobachtertechnik) werden erläutert.

Stichworte: Traumatisierung, posttraumatische Belastungsstörung, stationäre Therapie, Stabilisierung, Imagination

Abstract: Late Sequelae of Traumatization – Opportunities and Requirements for Inpatient Therapy

(Partially) inpatient psychotherapy for traumatized patients is essential if intensive, combined therapy is to be achieved away from a stressful environment. The example of a 65-year-old woman with a severe, chronified stress disorder resulting from traumatization during and after the war is used to illustrate the specific approach used with elderly patients. It is important for elderly subjects to have control over the therapeutic procedure and to be subjected to minimum stress by the hospital routine, as well as for the analytic work to be supplemented by resource-centered procedures. Individual techniques (stabilization, work with the »inner child«, observer technique) are explained.

Key words: Traumatization, posttraumatic stress disorder, inpatient therapy, stabilization, imagination

Aufnahme einer älteren, im Krieg traumatisierten Patientin

Die Klinik für psychotherapeutische und psychosomatische Medizin am evangelischen Johanneskrankenhaus in Bielefeld bietet vollstationäre und tagesklinische psychotherapeutische Behandlungen an.

Frau Z., 65 Jahre alt, wendet sich auf Anraten ihrer behandelnden Psychiaterin an die Klinik. Es ist ihr wichtig, zunächst zu klären, ob sie ein Einzelzimmer haben könne. Es sei ihr unmöglich, zu zweit in einem Zimmer untergebracht zu sein. Als ihr Wunsch nicht erfüllt werden kann, beschliesst sie, sich bei uns um eine tagesklinische Behandlung zu bemühen. Sie werde schon irgendeine Möglichkeit finden, in Bielefeld unter zu kommen.

Im Erstgespräch berichtet sie von vielerlei Beschwerden, die sie schon seit Jahrzehnten begleiten. Am eindrucksvollsten sind für die Interviewerin jahrzehntelange depressive Verstimmungen mit Schuldgefühlen, zahlreiche körperliche Beschwerden, insbesondere Schmerzen im Genitalbereich, Ängste und starke Kontrollbedürfnisse. Die Therapeutin ist aber auch von dem Leistungswillen der Patientin beeindruckt, von ihrer Bereitschaft, zu kämpfen und nie aufzugeben. Gleichzeitig wird eine starke Erschöpfung deutlich, die die Therapeutin am Ende des Gesprächs auch selbst spürt.

Zu ihrer Biographie berichtet die Patientin folgendes: Als sie fünf Jahre alt war, wurde ihr Vater eingezogen. Er kehrte als gebrochener, schwer kranker Mann zurück. Man habe immer auf ihn Rücksicht nehmen müssen, er sei extrem reizbar gewesen und habe die Kinder - sie und ihren Bruder - häufig geschlagen. Nach ihrer Erinnerung war die Mutter stets überfordert und erschöpft. Die Familie wurde 1945 aus dem Osten vertrieben. Unterwegs vergewaltigte ein alliierter Soldat die Patientin. Sie habe darüber mit niemandem sprechen können. Sie erinnere sich jetzt, dass sie danach viel unter Kopfschmerzen und Verwirrtheit gelitten habe. Das habe ihr häufig Tadel eingebracht, weil sie »nicht richtig da« gewesen sei. Die Familie musste noch mehrfach umziehen und die Patientin berichtet, sie habe sich deshalb lange Zeit nirgends zu Hause gefühlt.

Dies alles berichtet die Patientin eher gleichgültig, ohne erkennbare Beteiligung.

Durch die Behandlung möchte sie mehr inneren Frieden finden. Sie wolle die Geister der Vergangenheit verabschieden und die letzten Jahre ihres Lebens mit mehr Freude verbringen. Was zähle sei nun die Gegenwart und Zukunft. Sie werde oft von Erinnerungen überfallartig gequält und wisse nicht, wie sich dagegen wehren könne. Sie erhoffe sich von einem stationären Aufenthalt, dass sie mehr zur Ruhe komme, was ihr bisher durch die ambulante Therapie nicht gut gelungen sei. Sie hat das Buch »Imagination als heilsame Kraft« auf Anraten ihrer ambulanten Therapeutin gelesen und kann sich vorstellen, dass die imaginative Arbeit ihr hilft.

Eine Indikation für die (teil-)stationäre Therapie traumatisierter Patientinnen und Patienten besteht, wenn folgende Faktoren für eine Therapie günstig sind:

- Entfernung aus einem – möglicherweise – belastenden Milieu
- Intensivere Angebote, die den Patienten helfen, aus ihren inneren Tretmühlen herauszufinden
- Kombinierte Behandlungsangebote und die Möglichkeit, gleichzeitig somatisch und psychotherapeutisch zu behandeln
- Zusammensein mit Anderen, die Ähnliches erlitten haben
- Schutz der Klinik.

Eine Kontraindikation besteht, wenn zu viel Nähe zu vielen Menschen schlecht ertragen wird. Dies gilt besonders für die vollstationäre Therapie und weniger für teilstationäre Angebote. Außerdem ist eine stationäre Therapie nicht indiziert, wenn eine Tendenz zur malignen Regression besteht, also einer Tendenz erwachsene Fähigkeiten zugunsten frühkindlicher Konfliktlösungen aufzugeben.

Im Fall der Patientin erschien eine teilstationäre Behandlung sinnvoll und Erfolg versprechend. Da es uns wichtig ist, autonome Bestrebungen der Patienten und Patientinnen zu unterstützen, würdigten wir ihren Einsatz für die Behandlung in der Tagesklinik.

Insgesamt ist es wünschenswert, mehr tagesklinische psychotherapeutische Angebote für ältere Patientinnen und Patienten vorzuhalten. Gerade ältere Menschen mit gewissen Eigenheiten wollen sich nicht mehr so ohne

Weiteres in eine Gemeinschaft einfügen, zumal die meisten Mitpatienten und Mitpatientinnen eher jünger sind. Traumatisierten Menschen sollte man so wenig wie möglich zusätzlichen Stress durch die Hausordnung und Ähnliches machen. Wir legen unseren Patientinnen darüber hinaus nahe, im Alltag nicht über ihre traumatischen Erfahrungen im Detail zu sprechen. Als hilfreich hat sich erwiesen, zu wissen, dass Andere ähnliche Schicksale erlitten haben. Dies muss aber nicht vertieft werden. Vielmehr sollten die Patienten und Patientinnen die Klinik als einen Ort nutzen, der es ermöglicht, mit Anderen angenehme Erfahrungen zu machen.

Psychoanalytische Grundlagen

Traumatische Erfahrungen und deren psychodynamisches Verständnis beschäftigt Psychoanalytiker seit den Anfängen der Psychoanalyse. Freud hat in seiner Studie zur Ätiologie der Hysterie (1896) zunächst einen engen Zusammenhang zwischen Traumatisierungen in der Kindheit und den Neurosen angenommen und später wieder verworfen, aber nie ganz aufgegeben. Nach Bohleber (2000) hatte die Beschäftigung mit dem Trauma »lange nicht den Stellenwert in der Psychoanalyse, der ihm zukommen müsste«. Bohleber bringt das vor allem mit der gegenwärtig in der Psychoanalyse gängigen Theorie zusammen, dem Hier und Jetzt und der Beziehungskonstellation von Übertragung und Gegenübertragung Priorität einzuräumen. Für Psychoanalytiker bestehe ein Konflikt zwischen der Treue zu intrapsychischen Modellvorstellungen und der Notwendigkeit, sich mit den erschreckenden Gegebenheiten der Aussenwelt auseinander zu setzen.

Nach meiner Überzeugung bietet die Psychoanalyse eine Fülle an weiterhin gültigen Modellen zum Verständnis innerseelischer Vorgänge einerseits und des Beziehungsprozesses in der Therapie andererseits. Dennoch bedarf sie vor allem bei (schwer) traumatisierten Patientinnen einer Ergänzung durch ressourcenorientierte Modellvorstellungen. Eine defizitorientierte Arbeit führt zu vermehrtem Stress, der wiederum den traumatischen Stress verstärken kann. Eine Orientierung an systemischen Sichtweisen und den Prinzipien der Selbstregulation von Systemen erscheint erforderlich (Fürstenau 2001). Grade bei älteren Menschen lässt sich die Fähigkeit zur Selbstregulation und sogar Selbstheilung häufig, aber leider nicht immer, beobachten. Als eine Möglichkeit bietet sich die ressourcenorientierte imaginative Arbeit an (Reddemann 2001).

Unser Arbeitsmodell orientiert sich an der Konzeptvorstellung, zwei Erwachsene – die Therapeutin und die Patientin - arbeiten an den Problemen des verletzten »jüngeren Ichs« (in der Patientin). Regressive Prozesse in der Beziehung werden dadurch stark eingegrenzt.

Im Alter machen sich regressive Bedürfnisse manchmal erneut oder erstmalig deutlich bemerkbar. Es ist bei der Generation der Kriegskinder mehrfach darauf hingewiesen worden, wie unauffällig sie gewesen seien. Intrapsychisch sind dafür Abwehrprozesse gegen eigene Wünsche verantwortlich. Diese Abwehr beruht zum Teil auf einer weit verbreiteten extrem triebfeindlichen Erziehung in den 30er und 40er Jahren. Ebenso verantwortlich ist eine starke Loyalität gegenüber den Eltern, die »es ja so schwer hatten«, selbst wenn dies nicht der bewussten Beurteilung entspricht. Dazu kommen bei sehr vielen Menschen dieser Generation Schuld- und Schamgefühle hinsichtlich des Schicksals der Juden im damaligen Deutschland. Dies alles führte dazu, dass diese Generation eigene Schwierigkeiten oft nicht oder eher verzerrt wahr nahm. Da im Alter ohnehin wieder die eigene Bedürftigkeit eine größere Rolle spielt, drängen nun regressive Prozesse stärker ins Bewusstsein.

Es geht also darum, die Bedürfnisse zu würdigen. Dies sowohl auf der Ebene der erwachsenen Person von heute als auch auf der des inneren Kindes, das im Erwachsenen weiterlebt und auf seine Chance wartet, endlich zur Kenntnis genommen zu werden.

Weitere Therapie

Der Behandlungsplan von Frau Z. enthielt Einzelpsychotherapie, Gruppentherapie mit Gestaltungstherapie, sowie eine Reihe von Übungsangeboten, die alle der Selbstberuhigung und dem Stressmanagement dienten. Schließlich kamen aromatherapeutische Massagen hinzu. Sie kommen am ehesten den Bedürfnissen nach Geborgenheit und liebevoller Zuwendung zum Körper in einem klar strukturierten, Halt gebenden Rahmen entgegen. Gerade bei Menschen, die Opfer von Gewalt bzw. sexualisierter Gewalt waren, ist bei oft nur kleinsten Berührungen mit den Händen sehr viel Fingerspitzengefühl erforderlich. Es ist sehr wichtig, dass die behandelnde Person sich sehr genau auf die Bedürfnisse der Patientin einstimmt.

Der Behandlungsplan wurde mit Frau Z. präzise besprochen. Ihre Einwände und Wünsche konnten soweit wie möglich berücksichtigt werden.

Wir gehen davon aus, dass die Patienten letztlich am besten wissen, was sie brauchen. Darüber hinaus ist die Erfahrung, die Kontrolle zu haben, für traumatisierte Patientinnen in der Therapie eminent wichtig und sollte nach unserer Überzeugung anderen therapeutischen Erfordernissen übergeordnet werden. Das Gefühl, Kontrolle zu haben, fördert bei diesen Patienten die Einsicht in das therapeutische Vorgehen.

Frau Z. entdeckte ihre Freude am Gestalten und wurde von der Gestaltungstherapeutin ermutigt, nach und nach immer mehr zu wagen. Anfangs griff sie zum Bleistift und zeichnete sehr akkurat bis sie gegen Ende der Behandlung so weit war, großflächige farbige Bilder zu gestalten. Die Arbeit mit Imaginationen, wie mit der Imagination vom »inneren Kind« animierte sie, für sich in diesen Bildern einen »sicheren Ort« zu malen und Helferwesen zu gestalten.

Die Einzelpsychotherapie diente überwiegend der Klärung ihrer eher schwierigen Beziehung zu ihren Kinder. Die Therapeutin bot vorsichtig Vorstellungen an zum Zusammenhang zwischen ihrer heutigen und der Kindheits-Situation. Es sollte ihr dabei helfen, mitfühlender zu werden mit dem Kind, das sie war. Dies war notwendig, da eine starke Identifikation mit den vernachlässigenden und fordernden Eltern bestand. Sie prägten sowohl den Umgang der Patientin mit sich selbst als auch mit ihren Kindern. Eine Tochter der Patientin hatte massive Probleme, die auf eine sekundäre Traumatisierung hindeuteten.

Wir legten Wert darauf, die Patientin eher zu ermutigen statt sie zu konfrontieren, da wir befürchteten, dass ihre posttraumatischen Stresssymptome sonst noch zunehmen würden.

Im Laufe von sechs Wochen wurde die Patientin ruhiger. Gelegentlich konnte sie sogar nachts durchschlafen und tagsüber in Ruhe Spaziergänge machen. Sie entdeckte das Lachen und lachte viel mit Mitpatientinnen, mit denen sie sich angefreundet hatte. Bis zu dieser Zeit waren ihre traumatischen Erfahrungen kaum angesprochen worden, schon gar nicht hatten wir sie damit konfrontiert. Wir arbeiteten nach dem Dreiphasenmodell von Janet (Herman 2002), wonach zunächst einmal stabilisierende Maßnahmen im Vordergrund stehen.

Nachdem sie eine gewisse Stabilisierung erreicht hatte, unterbrach die Patientin die tagesklinische Behandlung. Später wurde sie dann erneut ca. vier Wochen lang zur Stabilisierung in die Tagesklinik aufgenommen. Erst nach einem weiteren halben Jahr und nach entsprechender ambulanter Weiterbehandlung erschien die Patientin stabil genug, das Vergewaltigungstrauma durchzuarbeiten. Dies geschah mit einer Technik, die wir »Beobachtertechnik« nennen. Hierbei geht es darum, der Patientin unter größtmöglichem Schutz mittels verschiedener Distanzierungstechniken zu helfen, dem Grauen zu begegnen, ohne starken Schmerz zu erleiden und deshalb womöglich zu dissoziieren (Reddemann 2001, 2004). Als größten Schmerz erlebte sie, dass sie so »mutterseelenallein« gewesen war.

Da sie sich viel mit der Imagination von ihrem »inneren Kind« beschäftigt hatte und es ihr nun auch möglich geworden war, es mehr anzunehmen, war es ihr dann auch vorstellbar, dass dieses Kind vom Helferwesen, das sie gemalt hatte, getröstet und geliebt wurde. Sie selbst fühlte sich dazu immer noch nicht in der Lage.

Nach dieser Konfrontation mit dem Trauma und der nachfolgenden Trauerarbeit erschien die Patientin deutlich verändert: Sie strahlte geradezu so etwas wie Ruhe und Zuversicht aus, so wie wir sie noch nie gesehen hatten.

Die therapeutische Beziehung wurde in erster Linie dafür genutzt, der Patientin basale Erfahrungen des Akzeptiertwerdens und der Beruhigung zu vermitteln. Einige Male verhielt sich die Patientin vorwurfsvoll und misstrauisch. Wenn wir es erkannten, versuchten wir sofort, die Ursachen dafür zu klären. Wir baten die Patientin, zu prüfen, ob ihre Vorwürfe und ihr Misstrauen uns gegenüber der heutigen Realität entsprechen. Einmal fühlte sie sich beispielsweise von mir als Klinikleiterin zu streng angesprochen. Da ich von mir weiß, dass ich manchmal im Ton etwas scharf und ungeduldig bin, sagte ich ihr das und bat sie um Nachsicht. Darüber konnte sie lachen und meinte, es täte ihr gut, dass ich meine Schwächen zugeben könne. Die anderen Begebenheiten erwiesen sich als Ausdruck von Übertragungen. Wir luden die Patientin dann jeweils ein, dies als Wunsch ihres »inneren Kindes« aufzufassen. Es sei sein Wunsch, auf sich aufmerksam zu machen, damit man sich mehr um es kümmere. Jedoch nahmen wir die Übertragung nicht in dem Sinne an, dass wir ihr Anwachsen förderten.

Denn das Anwachsen sowohl von negativer als auch von idealisierender Übertragung ist für traumatisierte Patientinnen und Patienten nicht therapiedienlich.

Bisher hat diese Behandlung bei uns einen Zeitraum von gut anderthalb Jahren gefordert, wobei zwischen den teilstationären Aufenthalten ambulante Therapiesitzungen einmal wöchentlich stattfanden. Es ist davon auszugehen, dass noch ein bis zwei weitere Jahre Therapie erforderlich sein werden, um die Verluste und Kränkungen zu bearbeiten. Dies wird aber im ambulanten Rahmen möglich sein.

Die Therapie von Spätfolgen nach (Kriegs-)Traumata im fortgeschrittenen Alter kann Zeit brauchen. Es kommt aber auch vor, dass nur wenige Therapiegespräche notwendig sind, manchmal sogar nur eines. Dies hängt mit der Persönlichkeitsorganisation und den verschiedensten Resilienzfaktoren (d. h. den Widerstandsfaktoren) zusammen. Unsere Patientin hatte äußerst ungünstige Bedingungen zu verkraften:

- Die Symptomatik bestand von Kindheit an.
- Niemand verstand und schützte sie.
- Eine belastende Ehe war zu verkraften.

Dadurch verfestigte sich das traumakompensatorische Schema (Fischer 2000), also die innere Reaktionsweise, so dass es in dieser Therapie weniger um Traumakonfrontation, sondern vielmehr um die Veränderung psychischer Strukturen ging.

Die Einzeltherapeutin der Patientin war im Alter ihrer Töchter. Das brachte für die Therapeutin manche Herausforderungen mit sich. Zunächst war es notwendig, dass sie sich mit den Auswirkungen des Zweiten Weltkrieges auf Kinder beschäftigte und sich mit all dem Schrecken, den Kinder damals zu erleiden hatten, vertraut machte. Es war auch wichtig für sie, sich klar zu machen, dass die Verbrechen von Hitler und seinen Gefolgsleuten zwar aus der geschichtlichen Perspektive die Kriegsursache waren, dass das aber nicht der Wahrnehmung eines kleinen Kindes entsprach. Für das Kind zählte die Abwesenheit des Vaters, die Not, der Hunger, die Vertreibung, die Vergewaltigung und die namenlose Verlassenheit danach. Ein kleines Kind kann nicht den geschichtlichen Kontext erfassen. Daher war es wichtig, dass die Therapeutin die Geschichte auch mit den Augen des Kindes von damals sehen konnte. Später konnte die Patientin von sich aus die größeren Zusammenhänge ansprechen, ohne ihr eigenes Leiden zu bagatellisieren.

Es versteht sich, dass die Therapeutin auch immer wieder ihre Gegenübertragungsgefühle klären musste. Diese umfassten ein breites Spektrum, da neben allen bekannten Übertragungs- und Gegenübertragungsmanifestationen die spezifische Beziehung der jüngeren Therapeutin (Tochterrolle) zur älteren Patientin (Mutterrolle) von Bedeutung war.

Bei solchen Übertragungskonstellationen sind Behandlungsteams mit jüngeren und älteren Mitgliedern eine Hilfe. Es war hilfreich, dass Ältere erzählen konnten, wie es ist, Hunger zu haben und dann vielleicht ein Stück Schokolade von einem amerikanischen Soldaten zu bekommen oder entsetzlich zu frieren, weil es einfach kein Heizmaterial gibt, was sich die Jüngeren überhaupt nicht vorstellen können. Unbekannt ist jüngeren Therapeuten auch, was es heißt »zu hamstern« und wie viel Neid und Scham Flüchtlinge als fremde, unerwünschte Eindringlinge zu erleiden hatten. Es geht darum, Nichtgewusstes bekannt zu machen und die jüngeren Therapeuten mit Erfahrungen zu konfrontieren, die die eigenen Eltern betreffen: Eltern, die geschwiegen hatten, Eltern, die ihr eigenes Leiden heroisiert und von den Kindern Bewunderung und Anerkennung gefordert hatten oder verleugnende Eltern, um nur einige Beispiele zu nennen. So aktivieren Patientinnen und Patienten, die im Alter der Eltern der Therapeuten sind, zahlreiche Übertragungsaspekte und ein breites Spektrum des Abwehrverhaltens gegen die zugrundeliegenden Erfahrungen des Patienten im Therapeuten.

Fazit für die Praxis

Es wird notwendig sein, Kenntnisse und Erfahrungen im Umgang mit traumatisierten alten Menschen in die psychotherapeutische Weiterbildung zu integrieren. Dazu gehören im Fall von Kriegstraumatisierungen auch geschichtliche Hintergründe. Menschen, die in den 50er Jahren und danach geboren wurden, können sich vieles, was damals erlebt wurde und verarbeitet werden musste, nicht vorstellen. Die bisherige kollektive Aufarbeitung dieser Geschichte ist mangelhaft und gekennzeichnet von dissoziativen Mechanismen wie sie bei traumatisierten Individuen in ähnlicher Weise beobachtet werden. Nach meinem Verständnis hat die deutsche »Unfähigkeit zu Trauern« mit einer kollektiven Dissoziation zu tun. Vermutlich können diese dissoziativen Schleier erst jetzt langsam gelüftet werden.

Für die stationäre Arbeit ist es wichtig, die Autonomie- und Kontrollbedürfnisse der älteren Patientinnen sehr ernst zu nehmen und die Arbeitsbeziehung zu betonen. Regressive Prozesse sollten vorzugsweise auf der »inneren Bühne« (Reddemann 2001) stattfinden und weniger in den Beziehungen zum therapeutischen Team. Reflexion und Aufarbeitung spezifischer Eltern- und sogar Großelternübertragungen sollten durch Supervision begleitet werden.

Literatur

Bohleber W (2000) Die Entwicklung der Traumatheorie in der Psychoanalyse. Psyche 54 (9/10):797–839.

Fischer G.(2000) Mehrdimensionale psychodynamische Traumatherapie. MPTT. Manual zur Behandlung psychotraumatischer Störungen. Heidelberg (Asanger).

Freud S (1896) Zur Ätiologie der Hysterie. GW I.

Fürstenau P (2001) Psychoanalytisch verstehen, systemisch denken, suggestiv intervenieren. Stuttgart (Pfeiffer/Klett-Cotta).

Reddemann L (2001) Imagination als heilsame Kraft. Zur Behandlung von Traumafolgen mit ressourcenorientierten Verfahren. Stuttgart (Pfeiffer/Klett-Cotta).

Reddemann L (2004) Psychodynamisch imaginative Traumatherapie. Das Manual. Stuttgart (Pfeiffer/Klett-Cotta).

Korrespondenzadresse

Dr. med. Luise Reddemann
Holzgasse 4
53925 Kall
E-mail: l.reddemann@t-online.de

Behandlung einer Posttraumatischen Belastungsstörung bei einer 71-jährigen Patientin nach einem Verkehrsunfall

Markus Burgmer und Gereon Heuft

Zusammenfassung

Eine Posttraumatische Belastungsstörung (PTBS) kann Jahre nach dem belastenden Ereignis verzögert auftreten. Dies wurde insbesondere bei älteren Menschen beschrieben, die während des Zweiten Weltkriegs traumatischen und lebensbedrohlichen Situationen ausgesetzt waren. Untersuchungen zum Auftreten einer PTBS bei älteren Menschen nach einem akuten traumatischen Ereignis sind im Gegensatz zur Fülle an Untersuchungen zur PTBS bei jüngeren und mittelalten Menschen nicht bekannt. Unser Fallbericht beschreibt die traumaspezifische Behandlung einer PTBS bei einer älteren Patientin nach einem Verkehrsunfall mit der »"Eye Movement Desensitization and Reprocessing« Therapie (EMDR).

Schlüsselwörter: Posttraumatische Belastungsstörung, PTBS, EMDR, Psychotherapie älterer Menschen

Abstract: Treatment of Posttraumatic Stress Disorder in an elderly patient after a motor vehicle accident.

Posttraumatic stress disorder (PTSD) may present many years after the original trauma; this has been reported in elderly people who experienced life-threatening situations during the Second World War. In contrast to the many studies about PTSD in younger people, there has been no report about the development of PTSD in the elderly after recent traumatic injury. We describe the case of an elderly patient suffering from PTSD after a road traffic accident. We show the successful therapy with trauma-specific treatment: Eye Movement Desensitization and Reprocessing therapy (EMDR).

Key words: Posttraumatic Stress Disorder, PTSD, EMDR, Psychotherapy in the elderly

Einführung

Die Klinik und Poliklinik für Psychosomatik und Psychotherapie des Universitätsklinikums Münster (Direktor: Univ.-Prof. Dr. med. Gereon Heuft) hat u. a. als klinische und wissenschaftliche Schwerpunkte die Gerontopsychosomatik und die Alterspsychotherapie sowie die posttraumatischen Belastungsstörungen. Neben der stationären Krankenhaus-Behandlung kann eine ambulante (poliklinische) Diagnostik und Kurzzeitbehandlung auch in einer Spezialambulanz für Patienten nach psychischer Traumatisierung (einschl. Traumaambulanz nach dem Opferentschädigungsgesetz) durchgeführt werden. Notwendige längerfristige psychodynamische und verhaltenstherapeutische Behandlungen werden in Kooperation mit den niedergelassenen Fachpsychotherapeuten eingeleitet.

Die Posttraumatische Belastungsstörung (PTBS) (Dilling et al. 2000, Sass et al. 1998) beschreibt die Entwicklung charakteristischer Symptome nach einem traumatischen Ereignis, bei dem der Betroffene sich selbst oder eine ihm nahestehende Person existenziell bedroht erlebt hat.

Die charakteristischen Symptome sind:

- wiederholte und aufdringliche Erinnerungen an die traumatische Situation, auch in Form von Alpträumen, Flashbacks oder einer starken Belastung durch der Situation ähnelnde Ereignisse
- andauernde Vermeidung von Reizen (Gedanken, Gespräche, Gefühle), die mit dem Trauma assoziiert sind, auch durch fehlende Erinnerung von wichtigen Aspekten des Ereignisses und eine »psychische Abgestumpftheit«
- anhaltende Symptome erhöhter Anspannung in Form von Schlafstörungen, Hypervigilanz (Überwachheit), Reizbarkeit, Schreckhaftigkeit oder Konzentrationsstörungen.

Die PTBS kann direkt nach dem Ereignis oder verzögert auftreten. Letzteres wurde bei älteren Menschen als Folge erlebter Traumatisierungen während des Zweiten Weltkriegs beschrieben. Untersuchungen zeigen, dass sogar

Jahrzehnte später bei bis zu 70 % der Befragten die Diagnose einer PTBS vorlag (Conn et al. 2000, Joffe et al. 2003, Landau et al. 2000, Macleod 1994, Merckelbach et al. 2003, Port et al. 2001). Medienberichte von Ereignissen, die dem zurückliegenden Trauma ähneln, z. B. aktuelle Kriege oder terroristische Anschläge, können dabei im Sinne einer Traumareaktivierung (Heuft 1999) eine PTBS triggern bzw. mobilisieren (Hilton 1997, Livingston et al. 1994, van Zelst et al. 2003).

Eine PTBS kann auch nach Ereignissen von nicht katastrophalem Ausmaß auftreten. Studien hinsichtlich älterer Menschen sind dazu allerdings selten (Sembi et al. 1998). Untersuchungen zur Häufigkeit (Prävalenz) von PTBS bei älteren Menschen nach Unfällen sind nach Literaturrecherche nicht bekannt. Wir berichten im Folgenden von der Entwicklung eines PTBS nach einem Verkehrsunfall und stellen die traumaspezifische Behandlung mit Eye Movement Desensitization and Reprocessing (EMDR) dar.

Fallbeschreibung

Eine 71-jährige, verheiratete Patientin stellte sich zur Diagnostik in unserer Poliklinik vor. Die Patientin war vor zwei Jahren als Fußgängerin von einem Auto erfasst worden. Bei dem Unfall erlitt sie – neben multiplen Prellungen am Körper – eine sie immer noch einschränkende Knöchelfraktur des linken Fußes sowie eine starke Platzwunde des Kopfes. An das konkrete Unfallgeschehen konnte sie sich nur vage entsinnen (»Etwas Dunkles kommt auf mich zu«), erinnerte jedoch andere Details des Unfalls. Seitdem hatte sie trotz regelmäßiger Schmerzmitteleinnahme (Paracetamol, Acetylsalicylsäure) täglich heftigste Kopf- und Nackenschmerzen. Bisherige Behandlungsversuche (opioidhaltige Schmerzmedikamente, Krankengymnastik und Physiotherapie, Akupunktur) hatten ihre Schmerzen nicht wesentlich gebessert. Sie litt außerdem an nächtlichen Alpträumen vom Unfall und beschäftigte sich ständig mit dem Unfallgeschehen und der Frage ihrer möglichen Schuld. Die Patientin nahm zwar als Radfahrerin wieder am Straßenverkehr teil, war aber sehr unsicher geworden. An Kreuzungen musste sie stehen bleiben, wenn sich ein Auto aus einer Nebenstraße näherte, da dieses sie zu sehr an den Unfall erinnerte. Den Unfallort konnte sie bislang nicht aufsuchen. Sie war in ständiger Anspannung, gereizt und unruhig und konnte sich kaum entspannen.

Die Konzentration und das Gedächtnis waren im Erleben der Patientin eingeschränkt. Sie war niedergeschlagen, antriebs- und lustlos und vernachlässigte ihre sozialen Aktivitäten.

Die »Operationalisierte Psychodynamische Diagnostik« (Arbeitskreis OPD 2000) ließ keine überdauernden neurotischen Konflikte, die als wiederholende Konfliktmuster in der Lebensgeschichte deutlich werden (repetitiv dysfunktionale Beziehungsmuster), erkennen. Bezüglich ihrer Kindheit hatte die Patientin nur wenig belastende Erinnerungen von erlebter Flucht und an Taeffliegerangriffen während des Zweiten Weltkrieges. Weitere biografische psychosoziale Belastungssituationen lagen nicht vor. Sie hatte vor dem Unfallereignis gute und stabile soziale Kontakte und unternahm mit ihrem Ehemann häufig Urlaubsreisen. Frühere Unfallereignisse oder schwerere Erkrankungen lagen nicht vor.

Aufgrund der beschriebenen Symptome diagnostizierten wir eine PTBS (ICD-10: F43.1). Außerdem lag eine mittelschwere depressive Episode (F32.1) und eine somatoforme Schmerzstörung (F45.4) vor.

Vorgehen und Ziele

Wir führten eine traumaspezifische Behandlung mit EMDR durch. Grundlage hierbei ist die theoretische Annahme einer »blockierten« Informationsverarbeitung des traumatischen Ereignisses und der fehlenden Speicherung in entsprechende Gedächtnisareale (Shapiro 2001). Dadurch bleibt das Ereignis emotional ständig präsent und bedingt die Wiedererlebenssymptomatik der PTBS. Durch eine bilaterale Stimulierung, typischerweise durch rhythmische, horizontale Augenbewegung ausgelöst, wird die Weiterverarbeitung stimuliert und die traumatischen Inhalte können in das Gedächtnis gespeichert werden.

Vor der Behandlung werden in einer spezifischen Anamnese auf das Trauma bezogene Gefühle und irrationale Annahmen des Patienten (z. B. »Ich bin schutzlos ausgeliefert«) identifiziert und angestrebte positive Kognitionen (»Es ist vorüber, ich bin jetzt in Sicherheit«) gemeinsam mit den Patienten benannt. Die Augenbewegungen werden dann blockweise (ca. 20/Block) durchgeführt und die erlebten Affekte, Kognitionen oder Wahrnehmungen besprochen. Die Stimulierung wird fortgesetzt bis keine Veränderung im Erleben des Patienten mehr auftritt.

Da bei der Patientin keine repetitiv dysfunktionalen Konfliktmuster im Sinne einer Neurose gefunden wurden, erschien uns ein symptomorientiertes Vorgehen mit der EMDR-Behandlung erfolgversprechend. Wir erläuterten der Patientin die Symptome einer PTBS und den theoretischen Hintergrund der Behandlung. Die traumaspezifische Anamnese wurde ergänzt und ein das Trauma repräsentierendes Bild (»Etwas Schwarzes kommt auf mich zu«, »Ich falle in ein tiefes Loch«) gewählt. Die zum Trauma gehörende negative Kognition (»Ich muss klären, ob ich Schuld bin«) und eine positive im Rahmen der Therapie angestrebte Kognition (»Ich kann den Unfall abschließen, ich muss mich nicht mit der Frage der Schuld quälen«) wurden erarbeitet. Auch die gefühlte Stimmigkeit der positiven Kognition, die dazu gehörenden Emotionen (»Trauer«), der Grad der Belastung und die entsprechende Körperempfindung (»Leere«) wurden erarbeitet.

Nach wenigen Blöcken an Augenbewegungen berichtete die Patientin von heftigsten Kopfschmerzen, durch die sie an nichts mehr denken könne. Die Patientin konnte ermutigt werden, weiterzumachen. Und nach drei zusätzlichen Blöcken an Augenbewegungen verschwanden die Kopfschmerzen. Nach weiteren Augenbewegungen wurde die Patientin traurig und weinte. Sie versuchte die Traurigkeit zu verdrängen, nicht daran zu denken, (»Ich möchte meine Ruhe haben«). Zum Ende der Sitzung wurde sie zunehmend müde und wirkte in sich gesunken und »gealtert«. Zum Abschluss der Stunde war sie erschöpft, fühlte sich dabei aber wohl und entspannt.

Ergebnisse

Nach drei weiteren Sitzungen, die ähnlich wie die beschriebene verliefen, erlebte sie sich gegenüber dem Unfallgeschehen distanzierter. An das Unfallgeschehen und ihre mögliche Schuld musste die Patientin nicht mehr denken, konnte sich aber weiterhin nicht an den genauen Unfallhergang erinnern. Sie besuchte ohne emotionale Belastung den Unfallort. Kopfschmerzen traten nur noch selten auf. Stimmung und Konzentration besserten sich. Die Patientin war aktiver und nahm frühere soziale Tätigkeiten wieder auf.

Die Behandlung wurde im Einverständnis mit der Patientin beendet. Ihr wurde empfohlen, sich bei Auftreten von Beschwerden erneut an unsere Klinik zu wenden.

Vier Wochen nach Abschluss der Behandlung riefen wir die Patientin an, um ihre Einwilligung für die Veröffentlichung des Fallberichts einzuholen. Die Patientin war weiterhin ohne Beschwerden. Schmerzmedikamente nahm sie nicht mehr ein. Zehn Monate nach Abschluss der Behandlung berichtete die Patientin, dass sie weiterhin symptomfrei sei und sich gut fühle.

Ausblick

Untersuchungen zu den psychischen Folgen nach Verkehrsunfällen zeigen, dass ca. 10–20 % der Beteiligten eine PTBS entwickeln (Mayou et al. 2002, Schnyder et al. 2001, Zatzick et al. 2002). 70 % dieser Fälle sind nach 12 Monaten symptomfrei oder zeigen eine deutliche Symptombesserung. Geht die Störung in diesem Zeitraum nicht zurück, entsteht die Gefahr der Chronifizierung mit reduzierten Behandlungsaussichten.

Meist wurden aus methodischen Gründen Patienten, die älter als 65 bzw. 70 Jahre waren, von den Untersuchungen ausgeschlossen. Daher kann keine Aussage über die Häufigkeit von PTBS nach »alltäglicheren« Traumata bei älteren Menschen gemacht werden. Da im Alter nicht selten Verletzungen auftreten, wären Anhaltspunkte über die Häufigkeit psychischer Störungen nach Unfällen besonders wichtig. Die Bedrohung der eigenen Handlungsfähigkeit und der Selbständigkeit durch Verletzungen ist bei älteren Menschen stärker ausgeprägt als bei jüngeren.

Untersuchungen weisen die Wirksamkeit verschiedener therapeutischer Ansätze (cognitive behavioral therapy, EMDR) bei einer PTBS nach Unfällen nach. Auch bei diesen Untersuchungen wurden bisher ältere Patienten aus methodischen Gründen ausgeschlossen (Perkins et al. 2002, Shapiro et al. 2002, Shapiro 2002). Daher liegen lediglich einzelne Fallberichte vor (Adams et al. 1994, Bonwick 1998, Russo et al. 2001, Somer 1994).

Bereits nach drei Sitzungen mit EMDR konnte bei unserer Patientin eine deutliche Besserung erreicht werden. Dies nicht nur bezüglich der PTBS Symptomatik, sondern auch bei der komorbiden depressiven Störung und der somatoformen Schmerzstörung. Letztere sind somit als Störungen zu interpretieren, die durch das Trauma bedingt sind und die nach der Behandlung des PTBS ohne zusätzliche spezifische Behandlung zurück gingen (remittierten). Dies ist bei der Chronizität der Symptomatik besonders erstaunlich.

Resümee

Trotz der kontroversen wissenschaftlichen Debatte um die Wirkungsweise erwies sich eine EMDR-Therapie als effektive traumaspezifische Behandlung bei einer älteren Patientin. Über die traumaspezifischen Symptome hinaus konnte auch eine wirksame Behandlung der komorbiden Schmerzen und depressiven Symptome erreicht werden. Damit wurde auch die psychosoziale Funktionsfähigkeit der betroffenen älteren Frau wieder hergestellt. Unsere Ergebnisse weisen darauf hin, dass diese Form der Behandlung einer posttraumatischen Belastungsstörung bei älteren Menschen erfolgreich eingesetzt werden kann.

Literatur

Adams KB, Mann ES, Prigal RW, Fein A, Souders TL, und Gerber BS (1994) Holocaust survivors in a Jewish nursing home: Building trust and enhancing personal control. Special issue: Holocaust survivors'mental health. Clin Gerontol 14:99–117.

Arbeitskreis OPD (2000) OPD – Operationalisierte Psychodynamische Diagnostik. Grundlagen und Manual. 3. korrigierte Auflage.

Bonwick R (1998) Group treatment programme for elderly war veterans with PTSD. Int J Geriatr Psychiatry 13:64–65.

Conn DK, Clarke D, und Van Reekum R (2000) Depression in holocaust survivors: profile and treatment outcome in a geriatric day hospital program. Int J Geriatr Psychiatry 15:331–337.

Dilling H, Mombour W, Schmidt M, und Schulte-Markwort E (2000) Internationale Klassifikation psychischer Störungen: ICD-10, Kapitel V (F); Diagnostische Kriterien für Forschung und Praxis. 2., korrigierte und ergänzte Auflage.

Heuft G (1999) Die Bedeutung der Trauma-Reaktivierung im Alter. Z Gerontol Geriatr 32:225–230.

Hilton C (1997) Media triggers of post-traumatic stress disorder 50 years after the Second World War. Int J Geriatr Psychiatry 12:862–867.

Joffe C, Brodaty H, Luscombe G, Ehrlich F (2003) The Sydney Holocaust study: posttraumatic stress disorder and other psychosocial morbidity in an aged community sample. J Trauma Stress 16:39–47.

Landau R, Litwin H (2000) The effects of extreme early stress in very old age. J Trauma Stress 13:473–487.

Livingston HM, Livingston MG, Fell S (1994) The Lockerbie disaster: A 3-year follow-up of elderly victims. Int J Geriatr Psychiatry 9:989–994.

Macleod AD (1994) The reactivation of post-traumatic stress disorder in later life. Aust N Z J Psychiatry 28:625–634.

Mayou RA, Ehlers A, Bryant B (2002) Posttraumatic stress disorder after motor vehicle accidents: 3-year follow-up of a prospective longitudinal study. Behav Res Ther 40:665–675.

Merckelbach H, Dekkers T, Wessel I, Roefs A (2003) Amnesia, flashbacks, nightmares, and dissociation in aging concentration camp survivors. Behav Res Ther 41:351–360.

Perkins BR, Rouanzoin CC (2002) A critical evaluation of current views regarding eye movement desensitization and reprocessing (EMDR): clarifying points of confusion. J Clin Psychol 58:77–97.

Port CL, Engdahl B, Frazier P (2001) A longitudinal and retrospective study of PTSD among older prisoners of war. Am J Psychiatry 158:1474–1479.

Russo SA, Hersen M, Van Hasselt VB (2001) Treatment of reactivated post-traumatic stress disorder. Imaginal exposure in an older adult with multiple traumas. Behav Modif 25:94–115.

Sass H, Wittchen H-U, Zaudig M (1998) Diagnostisches und statistisches Manual psychischer Störungen DSM-IV: dt. Bearbeitung und Einführung. 2. Aufl.

Schnyder U, Moergeli H, Klaghofer R, Buddeberg C (2001) Incidence and prediction of posttraumatic stress disorder symptoms in severely injured accident victims. Am J Psychiatry 158:594–599.

Sembi S, Tarrier N, O'Neill P, Burns A, Faragher B (1998) Does post-traumatic stress disorder occur after stroke: a preliminary study. Int J Geriatr Psychiatry 13:315–322.

Shapiro F (2001) Eye movement desensitization and reprocessing: Basic principles, protocols, and procedures. 2nd edition New York (Guilford).

Shapiro F (2002) EMDR 12 years after its introduction: past and future research. J Clin Psychol 58:1–22.

Shapiro F, Maxfield L (2002) Eye Movement Desensitization and Reprocessing (EMDR): information processing in the treatment of trauma. J Clin Psychol 58:933–946.

Somer E (1994) Hypnotherapy and regulated uncovering in the treatment of older survivors of Nazi persecution. Special issue: Holocaust survivors´mental health. Clin Gerontol 14:47–65.

van Zelst W, de Beurs E, Smit JH (2003) Effects of the September 11th attacks on symptoms of PTSD on community-dwelling older persons in the Netherlands. Int J Geriatr Psychiatry 18:190.

Zatzick DF, Kang SM, Muller HG, Russo JE, Rivara FP, Katon W, Jurkovich GJ, Roy-Byrne P (2002) Predicting posttraumatic distress in hospitalized trauma survivors with acute injuries. Am J Psychiatry 159:941–946.

Korrespondenzadresse

Dr. M. Burgmer
Klinik und Poliklinik für Psychosomatik und Psychotherapie
Universitätsklinikum Münster
Domagkstraße 22
D-48153 Münster
E-mail: burgmem@mednet.uni-muenster.de

»Meine Kindheit im Krieg und auf der Flucht« – Gesprächskreis mit 60- bis 70-Jährigen

Gertraud Schlesinger-Kipp

Zusammenfassung

In einem Stadtteilzentrum wurde über die örtliche Zeitung eine Gesprächsgruppe für Menschen angeboten, die den Krieg als Kind miterlebt hatten. Es meldeten sich 30 Personen, wobei von Anfang an eine Gruppengröße von 12 Teilnehmern angestrebt wurde. Nach der thematischen Vorgabe und der Einführung von Gesprächsregeln im Sinne der themenzentrierten Interaktion begann die Gruppe damit, dass die meisten Gruppenmitglieder sehr intensiv von Kriegs- und Nachkriegerlebnissen erzählten.

Nach der Anfangsphase des Kennenlernens lockerte sich die Gruppenatmosphäre und die Mitglieder entwickelten gegenseitiges Vertrauen. Ein wesentliches Ergebnis der Gruppe war, dass schreckliche Erlebnisse, bei denen Andere Opfer waren, meist emotionaler geschildert wurden als eigene Opfersituationen. Zeuge einer Traumatisierung Anderer zu werden, ist offensichtlich – insbesondere für Kinder – fast so etwas wie ein eigenes Trauma.

Stichworte: Kriegskinder, themenzentrierte Gesprächsgruppe, offene Altenarbeit

Abstract: »My childhood in the war and on the trek into exile« – discussion circle with 60- to 70-year-olds

At a city district center, a discussion circle was offered through the local newspaper for people with a wartime childhood. There were 30 respondents, with a group size of 12 participants having been the initial goal. After presentation of the topic and introduction of the rules governing the discussion in terms of topic-centered interaction, the group began with most members recounting wartime and post-war experiences very intensively. After the initial phase, the group atmosphere was more relaxed and the members developed mutual trust. One major finding in the group was that grim experiences involving other persons as victims were usually depicted more emotionally than situations where the narrators themselves were the victims. Being witness to the traumatization of other people is clearly – especially for children – something of a personal trauma.

Key words: Wartime generation, topic-centered discussion group, outreach work with the elderly

Stadtteilzentren dienen in Kassel der örtlichen offenen Altenarbeit. Die Arbeit im Stadtteilzentrum Agathof wird durch eine Sozialpädagogin koordiniert. Freie Mitarbeiter organisieren häufig neue Gruppen, die oft in Selbstorganisation weitergeführt werden. Die Arbeit wird durch kommunale Zuschüsse unterstützt.

Einleitung

Von September bis Dezember 2003 wurde in einem Stadtteilzentrum der Stadt Kassel, die im Zweiten Weltkrieg stark zerstört worden war, ein Gesprächskreis zum Thema »Erinnerungen an meine Kindheit im Krieg« durch einen Hinweis in der Tageszeitung angeboten. In diesem Artikel wurde die Kursleiterin zitiert: »Im Älterwerden kommen oft vergessene Erinnerungen an die Kindheit wieder hoch. Obwohl es schwierig ist, über diese Erinnerungen zu sprechen, kann es hilfreich sein, sich mit anderen über die Erfahrungen auszutauschen.« Eingeladen waren Menschen, die in der Zeit zwischen 1930 und 1945 geboren wurden und über ihre Kindheitserinnerungen im »Dritten Reich« und in der Nachkriegszeit sprechen wollten (vgl. Lit. Schäfer et.al.1997, Radebold 2000, Radebold 2003, Schulz et al. 2004). Die Gruppe sollte auf 12 Teilnehmer begrenzt sein und in 10 Sitzungen vom Herbst bis Weihnachten 2003 stattfinden. Als niedergelassene Psychoanalytikerin – selbst in der Nachkriegszeit geboren – wollte ich die Gruppe ehrenamtlich leiten. Eine Praktikantin aus der Generation der Kinder dieser Kriegskinder nahm außerdem zuhörend an der Gruppe teil.

Obwohl das Stadtteilzentrum in einem eher benachteiligten Stadtteil mit ehemals viel Industrie und heutigen sozialen Problemen liegt, kamen durch die Ankündigung in der Tageszeitung Teilnehmer aus der ganzen Stadt in dieser Gruppe zusammen. Im Einladungstext fand sich auch ein Hinweis, dass es sehr schwierig sei, über diese Erlebnisse zu sprechen u. a. weil die Schuld der Taten, die Nazideutschland gegen die Juden und viele andere Menschen der Welt begangen hat, zu schwer wiege.

Die Leiterin des Stadtteilzentrums wählte – nach Rücksprache mit der Kursleiterin – von den etwa 30 Anmeldungen 12 Teilnehmer aus. Auswahlkriterien waren sowohl die Reihenfolge der Anmeldungen als auch die Altersverteilung. Geplant war eine Altersmischung. Es sollten nicht zu viele von den Älteren, also den 1930 oder früher Geborenen, die Diskussion dominieren, sondern auch diejenigen, die im Krieg noch kleine Kinder waren, zu Wort kommen.

Die Gruppensitzungen

Zur ersten Sitzung erschienen dann 11 von den 12 angemeldeten Teilnehmern: zwei Männer und neun Frauen. Die beiden jüngsten Frauen waren 63 Jahre alt, die Älteste an diesem Abend 70, an den folgenden Abenden 73. Als Kursleiterin begann ich die Sitzung mit etwa folgender Einleitung, um die Gruppenarbeit zwar als Selbsterfahrung, jedoch nicht als Therapiegruppe zu fokussieren.

»Auf der großen Friedensdemonstration am 15. 2. 2003 in Berlin habe ich viele graue Köpfe gesehen. Viele der 60-Jährigen waren gegen diesen Krieg. Im Fernsehen sehen Sie täglich die Bombenangriffe auf Bagdad und früher auf Belgrad oder auf Afghanistan. Bei vielen von Ihnen kamen Kindheitserinnerungen hoch. Die meisten haben noch im Bewusstsein, dass wir – die Deutschen – diesen Zweiten Weltkrieg verbrochen haben und dass die Bomben uns letztlich auch von einer Terrordiktatur befreit haben. Die schrecklichen Erinnerungen werden trotz oder gerade wegen des Bewusstseins dieser Täterschaft, die nicht Ihre eigene Generation, sondern die Ihrer Eltern betrifft, häufig besonders im Alter wach. Sie können bei persönlichen Krisen, im Alleinsein oder in dem Sich-nicht-mehr-gebraucht-Fühlen reaktiviert werden.

Weit davon entfernt, die Deutschen als Opfer entschulden zu wollen, kann das Gewesene erst vergangen sein, wenn es auch von dem eigenen Selbst und von Anderen anerkannt wird. Die heutige öffentliche Opferdebatte der Deutschen bzw. die Nicht-Debatte, macht es erneut schwer, indi-

viduelles Leid zu besprechen. Klagen darüber, wie sehr wir doch schon bestraft worden seien – gemeint ist, ohne schuldig zu sein – ersetzt nicht die wirkliche individuelle Trauer oder das Eingeständnis von Gefühlen der Angst und des Verlassenseins.

Dem kindlichen Erleben ist es egal, welche Bomben es bedrohen. Aber das Kind bekommt Feindbilder eingeflößt. Es weiß beispielsweise nicht, ob der Vater zur selben Zeit mit Bomben andere Kinder in die Flucht getrieben hat oder dass jüdische Kinder im KZ vergast wurden. Die Last dieses Wissens als Erwachsener kann die eigene Geschichte zuschütten, ohne dass man sie bearbeitet hat. Auf dieser Gratwanderung wird sich unser Gesprächskreis bewegen müssen.«

Danach habe ich als Kursleiterin meine persönliche Motivation zu dieser Thematik dargestellt. Ich erzählte, dass ich seit über 20 Jahren Psychotherapien und Psychoanalysen mit über 60-jährigen Patienten durchführe. In den ersten 15 Jahren waren diese über 60-Jährigen noch Kriegsteilnehmer oder hatten als Erwachsene unter dem Krieg gelitten. Sie zeigten spezifische Schwierigkeiten, sich in der Therapie diesen Themen anzunähern (vgl. Schneider et al.1998). In den letzten Jahren sind diese über 60-Jährigen diejenigen, die den Krieg als Kinder erlebt haben. Bei diesen ist auffallend, wie häufig erst im Älterwerden die Erinnerungen an diese Zeit wieder auftauchen. Danach betonte ich, dass es sich hier nicht um eine Therapie-, sondern eine Gesprächsgruppe handele und stellte einige Regeln der Themenzentrierten Interaktionsmethode nach Ruth Cohn (1976) vor. Ich schrieb sie auch auf das Flipchart, um so die Gruppenregeln für alle transparent zu machen:

1. Seien Sie Ihr eigener Chairman, bestimmen Sie selbst, was Sie sagen wollen und wann Sie schweigen oder sprechen wollen.
2. Störungen haben Vorrang, unterbrechen Sie, wenn Sie nicht folgen können, ärgerlich, gelangweilt oder unkonzentriert sind.
3. Es kann immer nur einer sprechen.
4. Sprechen Sie von »Ich« statt von »man« oder »wir«: Zeigen Sie sich als Person.
5. Beachten Sie Ihre Körpersignale, horchen Sie in sich hinein, wie Sie sich gerade fühlen.
6. Sagen Sie Ihre eigenen Meinungen statt Andere zu fragen. Wenn Sie Andere fragen, erklären Sie, warum Sie die Frage stellen.

7. Am Anfang und am Ende jeder Gruppensitzung soll es ein kurzes »Blitzlicht« geben: Sagen Sie nur das, was Ihnen im Moment durch den Kopf geht, wie Sie sich fühlen, an was Sie denken. Das soll der Reihe nach gehen und nicht weiter diskutiert werden.

Die Gruppenmitglieder akzeptierten diese Regeln und begannen mit dem ersten Blitzlicht. Die meisten nutzten die Gelegenheit, sich näher vorzustellen.

Frau A., 64 Jahre alt, sagt wenig, betont aber, dass sie Schwierigkeiten hatte, die vielen Treppen hier hinauf zu steigen. Sie weint viel hinter ihren Sonnenbrillengläsern. Obwohl wir die Gruppe für sie auch in einen im Erdgeschoss gelegenen Raum hätten verlegen können, nahm sie nicht mehr an den weiteren Sitzungen teil.

Frau B., 68 Jahre alt, betont zu Beginn, dass sie professionell mit der Altenarbeit zu tun habe und deutet eine sehr verwickelte, erst später verständliche Geschichte über Tschechien und Süddeutschland an. Sie merke jetzt Herzrasen und fühle sich betroffen, da es hier wohl doch um etwas Eigenes und nicht nur um ihr Arbeitsgebiet gehe.

Frau C., 67 Jahre alt, schildert eindrucksvoll ihre kindliche Erlebniswelt. Die Sonne scheint, der Himmel ist blau und der Gedanke tritt auf: »Da kann jetzt eine Bombe fallen, dann bin ich tot«. Kriegserlebnisse sind bei ihr wach: Sie war in einem Dorf bei Verwandten evakuiert. Sie spielte mit anderen Kindern unter einer Brücke. Die Tiefflieger kamen und zogen wieder ab. An diesem Tag war eine Brücke in der Nähe zerstört worden. Danach habe sie sich vorgestellt, die Engländer hätten gesehen, dass da Kinder waren und seien deshalb abgezogen. Am meisten habe sie darunter gelitten – sie weint –, was den Russen passiert sei: In einem Wäldchen nahe der Stadt war der Bunker, in den sie immer gehen mussten. Die Russen mussten bei Luftangriffen draußen bleiben und mit ihren Schippen die verschütteten Deutschen ausgraben. Warum mussten sie draußen bleiben?

Frau C. nahm wie Frau A. nach dieser ersten Gruppensitzung nicht mehr an der Gruppe teil. Sie teilten telefonisch mit, die Gruppe sei ihr zu belastend, so dass sie nachts nicht mehr schlafen könne.

Frau E. und Frau D., mit Jahrgang 1940 die beiden Jüngsten, sind Schulfreundinnen. Beide haben keine Erinnerung an den Krieg, jedoch das Gefühl, da beschäftige sie noch etwas. Ihre Krankheiten jetzt beim Älterwerden hätten vielleicht etwas damit zu tun.

Frau F., die Älteste (70 Jahre alt), sagt an diesem ersten Treffen nur, dass sie sehr aufgeregt sei und noch nichts sagen könne.

Frau G., 64 Jahre alt, betont, dass sie mit ihrem Arzt über ihre Krankheiten gesprochen habe. Sie glaube, dass ihre Krankheiten mit diesem Thema zu tun hätten. Sie könne jetzt noch nicht darüber reden. Als die Anderen sie auffordern, doch weiterzusprechen, weise ich auf die Regel hin, »jeder bestimmt, was und wann er reden möchte«. Das wirkt sehr entlastend.

Frau H., knapp 70 Jahre alt, sagt, dass sie viel Schlimmes erlebt habe. Mit etwa zehn Jahren wurde sie alleine mit der Kinderlandverschickung ins heutige Tschechien evakuiert. Auf dem Rückweg sei der Zug mehrfach bombardiert worden. Deshalb musste sie aus dem Zug und sei auch beinahe von Tieffliegern niedergemäht worden. Sie hätte sich unter einer Decke versteckt. Die Tiefflieger hätten sehen können, dass es sich um einen Kindertransport handelte. Viele Kinder seien von diesen Verschickungen gar nicht mehr nach Hause gekommen. Aber nicht nur der Transport, sondern die gesamte Evakuierung sei furchtbar gewesen. Sie habe das alles nicht verkraftet.

Frau I., 70 Jahre alt, gibt zunächst an, mit der Tageszeitung über die schlimmste Bombennacht dieser Stadt gesprochen zu haben. Man habe in der Zeit aber auch viel gelernt, z. B. dass man zusammenhalten müsse. Im Luftschutzkeller habe man sich in die Arme genommen. Die Jugend von heute säße allein vor dem Fernseher und habe keine solche Erlebnisse. Als sie noch weiter schlecht von der Jugend spricht, wird eine andere Teilnehmerin unruhig und stellt fest, das könne man nicht verallgemeinern. Ich erinnere an die Regel, »von sich zu sprechen« und frage, ob sie schlechte Erfahrungen mit der Jugend hätte? Da sagt Frau I., dass sie eigentlich keine Jugendlichen kenne und sehr zurückgezogen lebe. Sie berichtet dann von den verschrumpelten Leichen, die in Haufen gelegen hätten; man habe nur noch geguckt, ob Verwandte darunter seien, man habe nichts mehr gefühlt. Sie wird von einer anderen Teilnehmerin, die diese Bilder schlecht aushalten kann, gefragt, ob sie das selbst erlebt habe, und auch auf die Regel hingewiesen, dass sie in Ich-Form von sich sprechen solle. Frau I. bestätigt, dass sie selbst Zeuge dieser Situation war, wird aber gegen Ende der Gruppe immer stiller. Im »Schlussblitzlicht« sagt sie, sie höre nur noch zu und nahm damals nicht weiter an der Gruppe teil. Möglicherweise hat der noch ungewohnte Umgang mit den Gruppenregeln ihr die Teilnahme schwer gemacht. Es wurde klar, dass die schlimmen Erinnerungen kaum in der Ich-Form erzählt werden können. Deshalb haben wir auf diese Regel dann verzichtet.

Herr J., 65 Jahre alt, der bis zum Ende als einziger Mann sicher eine wichtige Rolle spielt, ist ebenfalls einer der Jüngeren und hat keine direkten Erinnerungen an den Krieg, auch nur diffuse Bilder vom Bunker. Seine erste Erinnerung besteht darin, wie amerikanische Panzer in die Stadt gekommen seien. Er betont, wie sehr ihn dieses geschichtliche Thema interessiere, sein Großvater habe ihm sehr viel vom Ersten Weltkrieg erzählt und er müsse eigentlich dauernd darüber sprechen.

Herr K., 70 Jahre alt, erzählt zum Schluss und nur auf Nachfrage der Anderen, er sei aus dem Osten und habe keine Bombenangriffe erlebt. Nur in Hamburg auf der Flucht habe er als 10-Jähriger vieles gesehen. Er habe die Erlebnisse gut verkraftet, sie berührten ihn jetzt nicht mehr. Dann erzählt er weiter: In seinem Dorf habe es ein großes Gefangenenlager gegeben. Nachdem dort Fleckfieber und Typhus ausgebrochen sei, sei die Schule geschlossen worden. Er habe gesehen, wie russische Gefangene geschlagen wurden. Ein Gefangener, der Gräben ausheben musste, wollte sich eine Strohzigarette anzünden und der Soldat habe ihn mit dem Gewehrkolben totgeschlagen. Die Kinder hätten zugeschaut. Ein Mann aus dem Dorf habe den Soldaten noch unterstützt und mit dem Spaten zugeschlagen. Einmal im Winter wurde das Eis auf dem Fluss zersägt. Das mussten auch die Russen machen. Einer von den Russen war von einer Eisscholle ins Wasser gerutscht. Der Aufpasser habe mit seinem Stiefel die Hände des Russen von der Eisscholle gestoßen.

Es berühre ihn heute nicht mehr, aber er wisse, wie schlimm auch die Deutschen gewesen waren. Er sei beim Jungvolk gewesen, dort sei gesagt worden, dass man bei Ausländern nicht so mitempfinden dürfe. Obwohl die Gruppe sehr rücksichtsvoll ist und ihn nicht fragt, ob er diese Erinnerungen wirklich verarbeitet habe, nimmt Herr K. an der weiteren Gruppe nicht mehr teil.

Am Ende der Gruppe im »Blitzlicht« sind alle sehr traurig und bedrückt von den vielen schrecklichen Erlebnissen.

In der zweiten Gruppensitzung betonen die meisten im »Blitzlicht«, dass sie sich gefreut hätten, zu kommen und alle wiederzusehen. Sie hofften allerdings, dass sie nach dieser Sitzung nicht wieder so traurig und bedrückt seien wie nach der ersten. Frau G., die beim letzten Mal noch nicht von ihren Erlebnissen erzählen konnte, entschließt sich, heute zu reden. Sie berichtet vom Russeneinmarsch, vom Tieffliegerbeschuss, von der Trennung von der Mutter und von Hunger, Lagerleben, Vertreibung und Flüchtlingsdasein in der neuen Heimat. Trotz aller schrecklichen Erlebnisse sei eigentlich das Schlimmste gewesen, dass bei all dem die Mutter sie nie in den Arm genommen habe. In ihrem weiteren Leben, das aus ihrer Sicht durch die Ablehnung der Mutter und ihres Mannes geprägt ist, habe sie nie gewagt, jemandem zu widersprechen. Frau G. fühlt sich hier sehr aufgehoben und ist erleichtert, dass sie endlich einmal gesprochen hat.

Frau B. schließt sich dieser Erzählung an und berichtet, wie sie zunächst vom Westen in den Osten gezogen sei, um dem Vater zu folgen, der die Verschickung tschechischer Zwangsarbeiter nach Deutschland organisierte. Auch sie habe vor allem darunter gelitten, dass ihre Mutter sie abgelehnt habe. Positiv vermerkt sie aber, dass die Mutter sich mutig beim Vater für die Zwangsarbeiter eingesetzt habe. Im Gegensatz zu Frau G. habe sie sich, gerade wegen der negativen Erfahrung mit ihrer Mutter, nie untergeordnet und immer von Männern profitiert.

Herr J. fühlt sich jetzt sehr mit den Frauen verbunden, da seine Frau ebenso unter ihrer Mutter gelitten habe. Er versucht, das persönliche Schicksal politisch einzuordnen. Sein Beitrag wendet die Gruppenstimmung in ein eher lustiges Chaos, alle sprechen durcheinander. Möglicherweise wird er jedoch auch als einziger Mann von der Gruppe in diese Rolle gedrängt, da es im Gespräch ja um eine Zeit der abwesenden Väter geht. Im »Schlussblitzlicht« geht es allen besser. Frau G. und Frau B. fühlen sich erleichtert.

In der nächsten Gruppensitzung ist erstmals Frau L., 73 Jahre alt, dabei. Nach einigem Zögern und nachdem sie von den Anderen ermutigt wurde berichtet sie ausführlich von Kriegserlebnissen mit unmenschlichen Szenen. Des Weiteren erzählt sie von der Vertreibung in der Nachkriegszeit, als ihre Familie in einer Hütte neben einem Internierungslager, das vorher KZ gewesen war, leben musste.

Auf die Frage, was das Schlimmste gewesen sei, antwortet sie, als ihre jüngste Schwester 1947 beim Spielen mit einer offensichtlich nicht entschärften Bombe getötet worden sei. Die Eltern seien nie wieder froh geworden und früh gestorben.

In der Gruppe geht es dann um Scham und Schuld bzw. darum, dass man als Kind keine Schuld an der damaligen Ideologie hatte, ihr aber ausgeliefert war. Als Kind würde man eben glauben, was die Erwachsenen sagen. Dennoch wirken alle betroffen. Es kommen weitere Erlebnisschilderungen und Frau L., die neu in der Gruppe war, fühlt sich im »Schlussblitzlicht« sehr erleichtert.

In der nächsten Gruppenstunde ist wieder eine neue Teilnehmerin da: Frau M., 1933 geboren. Anfangs sitzt sie ganz angespannt da. Die Gruppenteilnehmer helfen ihr und Frau L. versichert ihr, dass sie sich nach dem letzten

Mal gut gefühlt habe. In dieser Stunde berichten nicht einzelne Teilnehmer längere Geschichten. Vielmehr geht anfangs alles sehr durcheinander, Fotos vom romantischen Hof, aber auch von verschwundenen jüdischen Nachbarn werden gezeigt. Die neue Teilnehmerin berichtet auf Nachfrage, dass sie in Hamburg den Feuersturm erlebt habe. Sie bekommt sofort Tränen in die Augen und meint, sie wäre doch gar nicht im Zentrum des Feuersturms gewesen. Dann geht es um Erlebnisse bei der Evakuierung und um Hunger und Not in der Nachkriegszeit.

In den folgenden Gruppenstunden werden weitere schreckliche Kriegs- und Nachkriegserfahrungen berichtet. Die Gruppe gibt aber jetzt Halt und die einzelnen Mitglieder fühlen sich nicht mehr ungeschützt den eigenen Erfahrungen ausgeliefert. Bücher, Lieder und Gedichte werden ausgetauscht. Beim letzten Treffen vor Weihnachten sind die Teilnehmer zwar traurig, die Gruppe wird jedoch als große Bereicherung erlebt. Die jüngeren Gruppenteilnehmer, die keine konkreten Erinnerungen an den Krieg haben, sagen, dass die Atmosphäre der damaligen Zeit – als sie klein waren – wieder erstanden sei. Für sie sei es wichtig gewesen, dass Andere in Worte fassen, was ihnen selbst nicht möglich ist.

Außerdem kann darüber gesprochen werden, ob und wie die aktuelle Lebenssituation mit auftretenden Verlassenheitsgefühlen mit den Kindheitserlebnissen zusammen hängt.

Eine Teilnehmerin schreibt später, nachdem sie diesen Bericht gelesen hat: »Ich glaube, die Tatsache, dass Sie und Frau W. (die Praktikantin) den Krieg nicht erlebt haben, war ein wichtiger Faktor für die Lebendigkeit und wahrscheinlich auch für die Entlastung. Sie waren in der Rolle der Mutter, die nicht dabei war und mit der man nun offen sprechen konnte stellvertretend für die Mütter, denen man damals die Ängste nicht erzählen durfte. Gleich wichtig scheint mir auch der Austausch der Gruppe untereinander, das gemeinsame Erinnern und Wiedererkennen eigener Erlebnisse, was man aus Büchern nur abstrakt wusste.«

Erinnerungen von Kriegskindern

Obwohl in den letzten Jahren zunehmend über Krieg und Nachkriegszeit publiziert wird (z.B. Schmidbauer 1998, Domansky 2000, Schlesinger-Kipp

2003), haben offensichtlich viele Menschen, die den Krieg als Kinder miterlebt haben, wenig Gelegenheit, über ihre damaligen schrecklichen Erlebnisse zu berichten mit der Hoffnung, auch verstanden und entlastet zu werden. Eine solche Entlastung beim Erzählen tritt im Familienkreis oft nicht ein.

Obwohl es mein Anliegen war, durch Vorrede und Gruppenregeln den Erinnerungsstau nur vorsichtig dosiert entlasten zu wollen, zeigte sich gerade in der ersten Stunde ein überstarkes Bedürfnis, die überwältigenden Kindheitserlebnisse in die Gruppe einzubringen. In diesem Stadium war die Gruppe noch nicht in der Lage, die Erzählenden zu entlasten und aufzufangen. Möglicherweise kamen deshalb die besonders aktiven Teilnehmer nach der ersten Stunde zu den weiteren Sitzungen nicht wieder.

Nachdem sich die Gruppe gefestigt hatte, konnte sie – ohne eine solch riesige Betroffenheit wie anfangs – die Erlebnisse und Erfahrungen anhören, mit eigenen vergleichen und Bewältigungsformen aufzeigen. Hier zeigten die Teilnehmer einen großen Einfallsreichtum von der Geschichtsforschung über das eigene Schreiben der Erinnerungen bis hin zu politischem Engagement. Einige hatten auch schon Therapieerfahrungen hinter sich.

Inhaltlich war wesentlich, dass emotional besetzte Erinnerungen insbesondere dann möglich waren, wenn die damaligen Kinder über andere Menschen wie Russen oder Juden, die willkürlich Qualen ausgeliefert wurden, sprechen konnten. Offensichtlich gehört es zu einer Form der Bewältigung eigener traumatisierender Erlebnisse dazu, dass die eigenen Schrekken und Qualen entemotionalisiert werden können, dass aber Mitgefühl für die Leiden Anderer nicht so stark abgewehrt werden muss.

Diese Form der geleiteten Erinnerungsgruppe der heute 60- bis 75-Jährigen kann – auch wenn es sich nicht um eine Gruppentherapie handelt – dazu beitragen, dass die Teilnehmer neu über ihr Leben nachdenken können. Eine Gruppe ermöglicht es den Mitgliedern, sich gegenseitig bei der Bewältigung belastender Erinnerungen zu unterstützen. Die Teilnehmer schafften es – teils mit Unterstützung der Gruppe – , weiter in der Vergangenheit zu forschen, darüber zu lesen oder auch zu schreiben.

Ein besonderes Problem beim Aufbau solcher Gruppen ist es, wie der anfängliche Erinnerungsdruck aufgefangen werden kann. Hier sind noch weitere Überlegungen notwendig. Die Strukturierung der Sitzungen mit »Anfangs- und Schlussblitzlicht« hat sich sehr bewährt.

Ausblick

Belastende Kriegs- und Nachkriegserlebnisse führen nicht unbedingt zu posttraumatischen Belastungsstörungen, stellen jedoch Einprägungen für das weitere Leben dar und gestalten Beziehungen und Lebenserwartungen sowie Krankheiten mit. Es ist möglich, thematisch zentrierte Gruppen anzubieten, um Entlastung zu geben und Selbsthilfe anzuregen. Die Beschreibung des Kasseler Versuchs der Gruppenarbeit soll ermutigen, trotz aller Schwierigkeiten solche Gruppen in der offenen Altenarbeit zu initiieren.

Literatur

Cohn R (1976) Von der Psychoanalyse zur themenzentrierten Interaktion. Stuttgart (Klett).

Domansky E, de Jong J (2000) Der lange Schatten des Krieges. Münster.

Radebold H (2000) Abwesende Väter. Göttingen (Vandenhoeck & Ruprecht).

Radebold H (2003) Kindheit im II. Weltkrieg und ihre Folgen. Psychosozial Heft 92 Gießen (Psychosozial).

Schäfer K, Strömbach R (Hg) (1997) Abwesende Väter, anwesende Mütter. Gelnhausen (Triga-Verlag).

Schlesinger-Kipp G (2003) Psychoanalytische Behandlungen von Kriegs»kindern«. Psychosozial 92:23–32.

Schmidbauer W (1998) Ich wusste nie, was mit Vater ist. Das Trauma des Krieges. Reinbek (Rowohlt).

Schneider G, Heuft G, Lohmann R (1998) Folgen biografischer Belastung und Traumatisierung im Alter. In: Teising M (Hg) Altern: Äußere Realitäten, innere Wirklichkeiten. Opladen (Westdeutscher Verlag).

Schulz H, Radebold H, Reulecke J (2004) Söhne ohne Väter. Berlin (Links).

Korrespondenzadresse

Dipl Psych Gertraud Schlesinger-Kipp
Karthäuserstraße 5a
34117 Kassel
E-mail: Gertraud@Schlesinger-Kipp.de

2004 · 455 Seiten · Broschur
EUR (D) 24,90 · SFr 43,70
ISBN 3-89806-936-2

In Israel leben heute noch einige tausend Menschen mit deutscher Muttersprache, die als Kinder, Jugendliche und jüngere Erwachsene in den 30er Jahren eingewandert sind. Sie sind die Letzten einer Generation von Emigranten aus Deutschland, Österreich und der CSR, die vor den Nazis nach Palästina flohen. Heute 60 bis 100 Jahre alt, sind sie einerseits von europäischen Traditionen, andererseits von ihrem Leben in Palästina/Israel geprägt.

In diesem Buch kommen die »Jeckes«, wie die deutschen Juden in Israel halb spöttisch, halb liebevoll genannt werden, selbst zu Wort. Sie berichten über ihre Kindheit und Jugend in Deutschland, über ihre Flucht aus Europa und ihr Einleben in Palästina, über ihren kulturellen und weltanschaulichen Standort, über das Schicksal ihrer Familien und über ihr heutiges Verhältnis zur früheren Heimat.

Alt gewordene Überlebende des Holocaust

Traude Tauber und David Vyssoki

Zusammenfassung

Die alt gewordenen Überlebenden des Holocaust (hebräisch: Shoah) leiden unter einer spezifischen Form einer Posttraumatischen Belastungsstörung (PTBS). Bei der Beratung und Therapie ist es wichtig, nicht nur ihre posttraumatischen Symptome zu erfassen, sondern auch ihre sozialen und persönlichen Bedürfnisse zu klären. Psychotherapeuten, Ärzte, Sozialarbeiter und Krankenschwestern sollten bei der Betreuung dieser Menschen zusammenarbeiten. Die Arbeit von ESRA (hebräisch: Hilfe) in Wien, der einzigen Institution dieser Art in Österreich, wird hier vorgestellt.

Stichworte: Posttraumatische Belastungsstörung, Holocaust-Syndrom

Abstract: Old Survivors of the Shoah

The old survivors of the Shoah suffer from a specific kind of PTSD. It is important to know not only all about their posttraumatic symptoms, but about their social and personal needs too. Therapists, doctors, social workers and nurses should work systematically together. ESRA in Vienna is in Austria an unique institution to show this work by example.

Key words: PTSD, Holocaust-syndrom

Einleitung

Es ist ein internationaler Erfahrungswert, dass Überlebende der Nazi-Verfolgung in den letzten 10 Jahren vermehrt psychosoziale Einrichtungen wie z. B. AMCHA in Jerusalem und ESRA in Wien aufsuchen. Viele der Holocaust-Überlebenden haben noch nie über die traumatisierenden Erlebnisse gesprochen. Einerseits war es Selbstschutz, um nicht von grenzenlosem Schmerz, von unsagbarer Trauer und von unermesslicher Aggression »überschwemmt« zu werden (posttraumatische Vermeidung). Dieses Schweigen forderte den Preis, dass die Realitätswahrnehmung zum Teil verfälscht werden musste, was mit der Zeit auch zu Persönlichkeitsschäden führen kann. Die Stresstoleranz sinkt dann, so dass sich kleine Ereignisse retraumatisierend auswirken können.

Andererseits diente das Schweigen dem Schutz der eigenen Kinder. Viele Überlebende wollten ihren Kindern die grässliche Realität nicht zumuten und sie besser schützen, als sie selbst geschützt werden konnten.

Die Erfahrung, dass ihre Erinnerungen nicht erwünscht waren und niemand mehr von dieser Zeit etwas hören wollte, war außerdem ein Grund für das Verstummen. In fast allen westeuropäischen Ländern hatte man sich nach dem Krieg auf den Wiederaufbau gestürzt, für das Leid der Verfolgten fehlte jegliches Interesse. Es gab keine Solidarität mit den Opfern. Im Gegenteil, man konnte beobachten, wie ehemalige Nazitäter in Österreich (sicher auch in Deutschland) mit Hilfe politisch einflussreicher Parteien wieder an die Spitze machtvoller Institutionen gelangten. In Österreich wurden Kriegsverbrecherprozesse fast immer mit Freisprüchen beendet und Anfang der 60er Jahre gänzlich eingestellt. Die Opfer hatten in dieser Zeit kaum Entschädigung erhalten und schon gar nicht ihr geraubtes Eigentum zurück bekommen.

Was für alle älteren Menschen ein normales soziales Erleben darstellt, nämlich der Verlust von gleichaltrigen Freunden und Verwandten, ist für Menschen, die nie über das Trauma der Trennung im Holocaust hinweggekommen sind, doppelt tragisch. Das Altern geht mit Abschiedsprozessen (Abschied von Vitalität, Zukunft und Gesundheit etc.) einher. Für Menschen, die Abschied nur als Trauma erlebt haben, sind diese altersspezifischen Abschiede eine große Last. So kann dadurch nach einer langen Latenzphase das alte Trauma wieder an die Oberfläche gelangen.

Das sog. Überlebenden-Syndrom ist gekennzeichnet durch Alpträume, Flash-backs, Konzentrationsstörungen, Schwierigkeiten mit der Aggressionsregulierung, Depression, Abwehr von Trauerverarbeitung, unartikulierte Gefühle des Andersseins, Überlebens-Schuldgefühle, Kontaktschwierigkeiten, sexuelle Störungen, Ängste vielfältiger Natur und psychosomatische Reaktionen.

Für Menschen, die unter der Verfolgung in großem Ausmaß gelitten haben, sind Schuldanerkennung, Wiedergutmachung und Bestrafung der

Täter von großer psychischer Relevanz. Besonders für Überlebende, die als Kind traumatisiert wurden (Child-survivors), ist die gesellschaftliche Anerkennung wichtiger als alles andere.

Offizielle Worte sind zwar als Anerkennung wertvoll. Doch in unserem Rechtssystem bestätigt Geld die Verantwortlichkeit für die Schuld. Regelmäßige Zahlungen nehmen das Gefühl, es hätte an einem selbst gelegen, zum Opfer geworden zu sein. Für die Betroffenen ist es von größter therapeutischer Bedeutung, dass man etwas für ihr verletztes Gerechtigkeitsgefühl tut und sie unterstützt, Entschädigungsleistungen durch den Staat zu erhalten. Eine solche gesellschaftliche Anerkennung bedeutet für sie, wieder ein Mitglied der Gesellschaft zu werden, ohne das eigene Schicksal verleugnen zu müssen. Das Wichtigste, was für Verfolgte getan werden kann, ist das Unrecht und Leid in irgendeiner Form anzuerkennen.

Die Verfolgten der Shoah waren nicht nur politische Opfer, sie wurden auch von der Gesellschaft verlassen. Die Mitbürger zeigten keine Hilfe und keine Solidarität. Die Opfer wurden von der menschlichen Gemeinschaft ausgeschlossen und die Mitmenschen waren Verfolger, von denen man abhängig und denen man ausgeliefert war.

Lebensbedrohende Situationen können lebenslange psychische Schäden nach sich ziehen. Dennoch bestehen gravierende Unterschiede beispielsweise zwischen Shoah-Opfern und Soldaten des Zweiten Weltkrieges. In den Konzentrationslagern konnten die Menschen in keiner Form die tägliche Todesbedrohung mit Abwehrmechanismen wie Verdrängung oder Verleugnung bei Seite schieben oder die eigenen Aggressionen in Aktivitäten umsetzen. Außerdem fehlte jede öffentlich ermutigende Solidarität und Unterstützung.

Darüber hinaus gab es auch noch eine Hierarchie des Schreckens: Jüdische Häftlinge standen ganz unten in dieser Hierarchie. Nach der Befreiung gab es für jüdische Überlebende oft noch weniger Heimat als zuvor – ein wichtiger Unterschied zu anderen Überlebenden, die zumindest noch so etwas wie Heimat hatten. Die Pogrome hörten nach der Befreiung durch die Alliierten nicht auf. In Polen fanden Massenmorde an Juden bis ins Jahr 1947 statt. In den osteuropäischen Ländern ist der Antisemitismus bis heute ein bedrohliches Phänomen. Für jüdische Menschen war das erleichternde Gefühl –»es ist vorbei« – unbekannt.

Die einzige Abwehrmöglichkeit in den Lagern bestand oft in einem Zustand des Sich-Tot-Stellens. Nach der Befreiung waren diese Menschen psychisch und physisch erschöpft. Aber statt einer Erholungsphase mit

Gefühlen des Trostes bzw. des Gehaltenseins erlebten die meisten, dass sie alles andere als erwünscht waren. Die Zeit nach der Rückkehr in die alte Heimat gestaltete sich wiederum dramatisch. Hans Keilson (1979) weist darauf hin, dass die Traumatisierung in drei Sequenzen erfolgte. Die erste beinhaltet den beginnenden Terror der Nazis, die zweite die direkte Verfolgung mit dem Aufenthalt in Lagern oder im Versteck und die dritte die Nachkriegsperiode.

Aus der Betreuung von Traumatisierten ist bekannt, dass es für den weiteren Verlauf wichtig ist, wie die Betroffenen aufgefangen, gehalten und gestützt werden. Die Überlebenden wurden von öffentlicher Seite indes kaum unterstützt. Nur wer das Glück hatte, noch Angehörige oder andere helfende Personen oder Vereinigungen vorzufinden, konnte ein Zugehörigkeitsgefühl aufbauen. Es waren politische Umwälzungen (z. B. in Österreich die Waldheim-Diskussion) und ein Paradigmenwechsel in der Psychiatrie (ausgelöst durch die Publikation von Venzlaff/von Bayer) notwendig, damit auch diese Bevölkerungsgruppe das Gefühl entwickeln konnte, verstanden zu werden.

Hilfe und Behandlung der Shoah-Überlebenden

Bei der Arbeit mit Senioren ist es ein großer Fehler, sie als schwach und kränkelnd zu behandeln. Traumatisierte Menschen fühlen sich existentiell bedroht und ausgeliefert, ein Gefühl, das in jeder Situation von Abhängigkeit und Schwäche wieder angerührt wird. Starke Helfer – ausgestattet mit der Macht, über einen zu entscheiden – werden deshalb wie Täter erlebt: Täter, die potentiell wieder vernichten und entmenschlichen können. Jede noch so gut gemeinte Hilfe kann deshalb bedrohlich wirken.

Für Helfer bedeutet dies, dass Selbstbestimmung und Selbstbestätigung für diese alten Menschen höchste Priorität haben. Eine gute soziale Unterstützung sollte genau die entgegengesetzten Kennzeichen des Systems haben, dem die traumatisierten Verfolgten ausgeliefert waren. Das bedeutet, dass so viel Selbstbestimmung wie möglich notwendig ist, einhergehend mit gut strukturierten Rahmenbedingungen, die als Leitbild Respekt und nicht Mitleid haben. Neben einem großen Einfühlungsvermögen (Empathie) der Helfer und Helferinnen ist aber auch eine angemessene Distanzhaltung notwendig. Mit größtmöglichem Taktgefühl und großer Geduld sollte man sich ein Bild davon machen, wie die jetzige Lebenssituation des Seniors ist. Stützende Netzwerke sind auf jeden Fall zu nutzen. Kenntnisse über die Problematik der Zweiten Generation der Holocaust-Überlebenden sind außerdem hilfreich.

Das psychosoziale Zentrum »ESRA«

Das psychosoziale Zentrum ESRA (hebräisch: Hilfe) wurde 1995 eröffnet. Es leistet medizinische, therapeutische und sozialarbeiterische Hilfe für alle Opfer der Shoah und deren Angehörige (Juden, politisch Verfolgte, Sinti, Roma, Zeugen Jehovas, Homosexuelle, sog. »Asoziale«). Außerdem bietet es Integrationshilfen für jüdische Migranten. Ein Kommunikationszentrum mit Kaffeehausbetrieb ist angeschlossen. Vorbild für die beispielhafte interdisziplinäre Betreuung waren der psychosoziale Dienst der Gemeinde Wien, AMCHA in Jerusalem, das sich der Betreuung von Holocaust-Überlebenden widmet, und das SINAI Zentrum in Amersfoort, wo Menschen mit kriegsbedingten psychischen Problemen behandelt werden.

Viele der Senioren fühlen sich in den Räumen von ESRA geborgen. Hier haben sie das Gefühl, verstanden zu werden und sich angstfrei bewegen zu können. Das Misstrauen, das sie seit fast 60 Jahren bei der Begegnung mit Anderen begleitet, fällt hier ab. Allein dies hat schon therapeutische Wirkung.

ESRA bietet neben der medizinischen Versorgung auch psychotherapeutische Behandlung an. Psychotherapie für Überlebende kann immer nur Langzeittherapie sein, Betroffene haben Anspruch auf eine lebenslange Begleitung.

Bei der Psychotherapie mit Überlebenden ist das wichtigste Prinzip die Fähigkeit, zuzuhören. Es dauert oft lange bis diese das Gefühl der Geborgenheit entwickeln und sich öffnen können. Auch danach kommt es immer wieder zu Phasen des Misstrauens und des Sich-Verschließens. Die Therapeuten müssen damit rechnen, am Anfang auf dem Prüfstand zu stehen oder auch abgewertet zu werden. Hinter der Haltung »Was haben Sie denn für eine Störung, dass Sie sich mit dieser Zeit beschäftigen?« steckt die unausgesprochene Frage an die Therapeuten: »Hättet Ihr mir damals geholfen und mich aufgenommen?«.

Die grundsätzliche Erfahrung, nicht willkommen zu sein, spiegelt sich gleich am Anfang einer Therapiesituation wider. Die Einen meinen, schon von vornherein hier keinen Anspruch auf einen Platz zu haben und wollen keinesfalls »belasten«. Die Anderen reagieren aggressiv oder »arrogant« auf Hilfeangebote. Es ist anfangs schwer abzuschätzen, welche Art von Therapie für den Einzelnen angemessen ist. Es kommt Einzeltherapie oder Gruppentherapie in Frage.

In der individuellen Therapie muss Stützung und Aufdeckung in ausgewogenem Maße stattfinden. Die Rekonstruktion des abrupten und gewaltsamen Zerreißens der Biografie nimmt neben Themen der Alltagsbewältigung einen breiten Raum ein. Bei den Betroffenen besteht oft eine große Ambivalenz, entweder vergessen zu wollen oder über den Schrecken Zeugnis abzulegen. Es erfordert viel Sensibilität, diese Ambivalenz adäquat zu würdigen.

Größte Skepsis ist geboten, wenn das Schweigen über die Verfolgung als Schonung verstanden wird mit der Haltung: »Altes soll man ruhen lassen«. Manchmal ist das Schweigen eine bewusst gewählte Haltung, die respektiert werden sollte. Oft ist das Schweigen aber auch nur Ausdruck von Angst. Schweigen soll die Helfer schonen, da viele Überlebende die Erfahrung gemacht haben, dass niemand die alten Dinge hören will. Jeder Helfer sollte sich fragen, ob er bei der Akzeptanz des »Nicht-Darüber-Redens« nicht in erster Linie auch sich selbst schützen will. Deshalb muss sehr genau die eigene politische Haltung reflektiert werden. Supervision sollte für alle, die mit Shoah-Opfern umgehen, selbstverständlich sein.

Das Thema »Heimat« ist bei diesen Menschen ein Kernbereich vieler Verletzungen. Nicht nur die Frage »Wo gehöre ich hin?«, die quälend und verletzend nach dem Zweiten Weltkrieg gestellt werden musste, sondern auch die Suche nach Anknüpfungspunkten an ein früheres Zuhause, ist mit Schmerz und Verlusterfahrung verbunden. Das Gefühl, in der therapeutischen Institution und in der Therapie so etwas wie Sicherheit und Heimat vorzufinden, ist eine hilfreiche Ressource für diese alten Menschen. Eine zeitliche Begrenzung der Therapie kann für solche Patienten wieder das Trauma der Vertreibung aus der Heimat aufleben lassen. Shoah-Überlebende sollten Anspruch auf Begleitung haben, solange sie selbst das wollen.

Es ist aufschlussreich, in der Therapie immer wieder auf die Ressourcen aufmerksam zu werden, die »trotz alledem« wirksam waren und die letztlich dabei halfen, zu überleben. Der Trotz als Quelle des Widerstands, sich nicht zu einem willen – und wehrlosen Stück Fleisch machen zu lassen, wird von fast allen genannt. Sogar KZ-Überlebende haben nach dem Krieg – in weitestem Sinne gesund – weiter leben können. Man hatte sich mit zahlreichen

Verlusten mehr oder minder abfinden müssen und irgendwann kam der Entschluss, weiter zu leben. Es wurden Familien gegründet und man versuchte sich nach Wanderschaften durch ganz Europa, irgendwo nieder zu lassen. Mit diesem Versuch, das Leben von einst unter neuen Bedingungen wieder auf zu nehmen, entstand ein scheinbarer Eindruck der Normalität.

In der Gruppentherapie ist es von Vorteil, sich in einem sozialen Netz verstanden zu fühlen und zu erkennen, dass man selbst hilfreich für andere sein kann. Neben dieser gegenseitigen Unterstützung bietet sich in der Gruppe oft erstmals die Möglichkeit, über die schrecklichen Erfahrungen ohne Scham zu sprechen. Allerdings entsteht manchmal auch eine Art Konkurrenz, wer denn nun am meisten gelitten habe. Oft ist dann kein Zuhören mehr möglich. Denn die eigenen Erinnerungen werden so übermächtig, dass die Betroffenen emotional nicht mehr fähig sind, das Leid Anderer anzuhören. Ziel der Therapie kann aber sein, aus einem passiven, leidenden Opferstatus in einen selbstbewussten, selbstbestimmten »Überlebenden«-Status zu wechseln.

Manche der Überlebenden stellen sich auch als Zeitzeugen zur Verfügung. Sie sprechen in Bildungseinrichtungen oder mit Historikern über ihre Erfahrungen. Sie fühlen sich berufen, sich aktiv dafür einzusetzen, dass so etwas nie wieder passiert. Allerdings sollte eine solche Aufgabe nicht ohne angemessene psychische Unterstützung wahrgenommen werden, da durch ein Auftreten in der Öffentlichkeit oft heftige Gefühle hoch kommen. Eine solche Aufgabe ist aber durchaus hilfreich, weil die Überlebenden dadurch ihrer Biografie einen Sinn geben können.

Zwischen Überlebenden, die bei der Befreiung erwachsen waren und denen, die noch nicht 16 Jahre alt waren, ist ein Unterschied in der Symptomatik und der Verarbeitung zu erkennen. Die sog. Child-survivors, also die von den Nazis verfolgten Kinder, wurden erst seit Ende der 70er-Jahre ein Thema der wissenschaftlichen Forschung (z. B.Keilson 1979). Die älteren Überlebenden hatten bereits ein Leben »vorher«, das ihnen eine gewisse Ordnung und Sicherheit vermitteln konnte. Je jünger ein Kind bei der Deportation war, desto weniger psychodynamisch stützende Mechanismen waren vorhanden. Diese Kinder wurden in einem besonders verletzbaren Alter von ihren Angehörigen getrennt. Nur ein Fünftel der überlebenden Kinder konnte nach dem Krieg wieder in die eigene schützende Familie zurückkehren.

Die heute bereits ins Seniorenalter gekommenen Child-survivors hatten es besonders schwer, sich nach dem Krieg eine Existenz aufzubauen. Außerdem leiden sie darunter, dass sie wegen ihres damaligen Alters nur eine lückenhafte Erinnerung an die Zeit ihrer Qualen haben. In Gruppen von Child-survivors entbrennt oft ein heftiger Streit um die »historische Wahrheit«, mit der sie sich zu legitimieren versuchen. Alle, die vor 1945 noch nicht 16 Jahre alt waren, mussten ihre Schulausbildung abbrechen. Dieses Verbot, lernen zu dürfen, haben viele bis heute nicht verwunden. Der Mangel an Ausbildungsmöglichkeit konnte nicht wieder gut gemacht werden. Es ist verständlich, dass sie als alte Menschen entweder mit großer Scham an dieses Thema gehen oder aber zeigen, dass sie es gelernt haben, im Laufe ihres Lebens den Mangel an Ausbildung zu kompensieren.

Bei alten Menschen ist es naturgemäß immer wieder ein Thema, ob sie bei zunehmender Hilflosigkeit oder Vereinsamung nicht besser in ein Altenheim übersiedeln sollten. Bei Überlebenden der Shoah kann der Umzug ins Altenheim oder auch ins Spital die Erinnerung an den Transport ins Lager auslösen. Ihre Geschichte scheint sich in umgekehrter Reihenfolge zu wiederholen. Nach der Befreiung aus dem Lager und nach einer schwierigen Zeit als Menschen ohne Heimat folgte die langsame und mühevolle Integration in ein neues Leben. Jetzt, alt geworden, müssen sie wieder die vertrauten Plätze aufgeben und werden gewissermaßen desintegriert. Jetzt sind sie auf die Hilfe Anderer angewiesen. Alle Gefühle wie Angst, Wut, Verleugnung und Hass, die mit nicht gelebter alter Trauer verbunden sind, können aufbrechen. Die alten Menschen reagieren mit Depression, aber auch mit heftiger Wut. Umso wichtiger ist der respektvolle Umgang mit den Bedürfnissen der Betroffenen und umso wichtiger ist die Wahl eines Ortes, der diesen Menschen das Gefühl des Verstanden-Seins gibt. In Wien gewährleistet das die Einrichtung ESRA.

Das Sanatorium Maimonides-Zentrum

Das Sanatorium Maimonides-Zentrum (MZ) in Wien bietet eine Ambulanz, eine Tagesstätte, ein Pflegewohnheim (89 Betten) und eine Pflegestation (68 Betten). Einzigartig in Österreich ist das Modell des Konsiliar-Liaison-Dienstes (CL-Dienst). Das Sanatorium MZ gibt ESRA den Auftrag, die ärztliche, krankenpflegerische und sozialarbeiterische Begleitung für die Patienten anzubieten. Eine Sozialarbeiterin begleitet den alten Menschen von der früheren Lebenssituation in die Heimsituation. Eine Krankenschwester, die mit der familiären und gesundheitlichen Betreuung des Patienten vertraut ist, besucht ihn auch im Altenzentrum. Eine Ärztin steht für die medizinische

Behandlung bereit. Da die Krankenschwester nicht nur das Schicksal des Patienten kennt, sondern natürlich auch mit den Besonderheiten des Sanatoriums vertraut ist, nimmt sie eine moderierende Funktion zwischen Patient und Institution wahr. So können beispielsweise Informationen über die Eigenheiten des alten Menschen an das dortige Pflegepersonal weitergegeben werden.

In der Tagesstätte und im Heim werden neben verbaler Psychotherapie auch nonverbale Therapien angeboten: Körper- und Bewegungstherapie, Maltherapie und andere kreative Maßnahmen. Die Aktivierung steht ebenso wie Hilfe bei der Kommunikation und Expression von Gefühlen im Vordergrund.

In der Anne Kohn-Tagesstätte können jüdische Senioren ihren Tag verbringen. Sie werden nach Wunsch mit einem Kleinbus abgeholt und bekommen koschere Kost. Hier werden gemeinsame Spaziergänge, Museumsbesuche und Ausflüge unternommen. Es finden im Haus auch Konzerte, Diskussionsveranstaltungen und Seniorengymnastik statt. Das Angebot wird durch Gedächtnistraining und einen englischen Klub abgerundet.

Literatur

Keilson H (1979) Sequentielle Traumatisierung bei Kindern. Stuttgart (Bleicher).

Weiterführende Literatur

Bergmann MS, Jucovy ME, Kestenberg JS (Hg) (1995) Kinder der Opfer/Kinder der Täter. Psychoanalyse und Holocaust. Frankfurt (Fischer).

Brainin E (Hg) (2003) Kindsein in stürmischen Zeiten. Wien (Picus).

Hardtmann G (Hg) (1992) Spuren der Verfolgung. Seelische Auswirkungen des Holocaust auf die Opfer und ihre Kinder. Gerlingen (Bleicher).

Ludewig-Kedmi R et al (Hg) (2002) Das Trauma des Holocaust zwischen Psychologie und Geschichte. Zürich (Chronos).

Niederland WG (1980) Folgen der Verfolgung. Das Überlebenden-Syndrom Seelenmord. Frankfurt (Suhrkamp).

Ottomeyer K, Peltzer K (Hg) (2002) Überleben am Abgrund. Psychotrauma und Menschenrechte. Klagenfurt/Celovec (Drava).

Quindeau I (1995) Trauma und Geschichte. Interpretationen autobiographischer Erzählungen von Überlebenden des Holocaust. Frankfurt (Brandes & Apsel).

Rossberg A, Lansen J (Hg) (2003) Das Schweigen brechen. Berliner Lektionen zu Spätfolgen der Schoa. Frankfurt (Peter Lang Verlag).
Wardi D (1997) Siegel der Erinnerung. Das Trauma des Holocaust – Psychotherapie mit den Kindern der Überlebenden. Stuttgart (Klett-Cotta).

Korrespondenzadresse

Traude Tauber und Dr. David Vyssoki
ESRA, Ambulanz für Spätfolgen und Erkrankungen
des Holocaust- und Migrationssydroms
Tempelgasse 5
A 1020 Wien
E-mail: d.vyssoki@esra.at

Traumatisierende Folgen von DDR-Unrecht bei heute über 60-Jährigen. Erfahrungen in der beratenden und psychotherapeutischen Arbeit der Beratungsstelle »Gegenwind«

Stefan Trobisch-Lütge

Zusammenfassung

Nach einer Bestimmung der Formen der Traumatisierung unter den Verfolgungsbedingungen in der ehemaligen DDR wird auf Besonderheiten in der Psychodynamik der heute über 60-jährigen ehemaligen Verfolgten eingegangen. Ausgehend von den Assoziationen, die sich bei einem Betroffenen mit seiner Verfolgung in der ehemaligen DDR verbinden, deuten sich hoch organisierte psychische Abwehrprozesse nach Traumatisierung unter spezifischen DDR-Bedingungen an. An der konkreten Psychotherapie eines heute 72-jährigen politisch Traumatisierten wird gezeigt, in welchen Übertragungs-Gegenübertragungsprozessen und über welche therapeutischen Entwicklungen allmählich eine Traumaverarbeitung möglich wird.

Stichworte: politisch Traumatisierte, DDR-Diktatur, Reinfantilisierung, Retraumatisierung, Traumaverarbeitung, gesellschaftliche Würdigung

Abstract: Traumatizing sequelae of injustice committed in the former GDR in subjects now aged 60 plus. Experiences in the consultancy and psychotherapeutic work of the »Headwind« consultancy center

An analysis of the types of traumatization induced by persecution conditions in the former GDR is followed by a report on special features in the psychodynamics of subjects persecuted at that time and now aged over 60 years. The associations linked in one subject with his persecution in the former GDR are indicative of highly organized mental defense processes after traumatization under GDR-specific conditions. The concrete psychotherapy of a now 72-year-old politically traumatized subject is used to illustrate the transfer-countertransfer processes and the therapeutic developments in which trauma processing gradually becomes possible.

Key words: politically traumatized subjects, GDR dictatorship, reinfantilization, retraumatization, trauma processing, social recognition

Entstehungsgeschichte und Zielsetzung der Beratungsstelle »Gegenwind«

Mit dem Prozess der deutschen Wiedervereinigung wurde das Ausmaß politischer Verfolgung in der ehemaligen DDR deutlich. Die Zahl derer ist groß, die unter Verfolgung, Inhaftierung, Unterdrückung sowie psychischer Zersetzung in der ehemaligen sowjetisch besetzten Zone und der DDR betroffen waren. Ziel der 1998 gegründeten Beratungsstelle »Gegenwind« für politisch Traumatisierte der DDR-Diktatur ist es, politisch Verfolgten psychosoziale Hilfen und psychotherapeutische Behandlung zukommen zu lassen. Ein Diplom-Psychologe und Psychoanalytiker und eine Diplom-Sozialpädagogin arbeiten hier zusammen. Die Beratungsstelle »Gegenwind« ist ein Projekt der »Psychosozialen Initiative Moabit e.V.«.

»Gegenwind« kooperiert eng mit der Stiftung zur Aufarbeitung der SED-Diktatur, der Bundesbeauftragten und den Landesbeauftragten für die Unterlagen des Staatssicherheitsdienstes der ehemaligen DDR sowie mit dem Behandlungszentrum für Folteropfer. Finanziert wird die Beratungsstelle über die Stiftung Aufarbeitung, die Liga der Spitzenverbände der freien Wohlfahrtspflege, den Berliner Landesbeauftragten für die Unterlagen des Staatsicherheitsdienstes der ehemaligen DDR und über Spenden.

Formen der Traumatisierung: Liquidierung, Haft, Zersetzung

Zwischen 1945 und 1989 gab es etwa 300.000 politische Gefangene in der ehemaligen DDR. Die Verfolgung begann mit den von der Sowjetunion betriebenen Speziallagern und Gefängnissen von 1945 bis 1950 . Von den damaligen ca. 127.000 Häftlingen starb etwa ein Drittel, mehr als 700 wurden hingerichtet (vgl. Müller 1998).

In den 50er-Jahren überwogen Einschüchterung und Entfernung Andersdenkender durch drastische Haftstrafen und fehlende Gerichtsverfahren. Die Behandlung der Gefangenen war geprägt von körperlichen Übergriffen, tage- und nächtelangen Verhören, Isolationshaft, Steh- und Wasserkarzer sowie Mangel- bzw. Unterernährung. Nach dem Mauerbau waren die Verfolgungsgründe: versuchte Republikflucht, Spionagetätigkeit, Herabwürdigung des Staates oder Aufbau und Unterstützung staatsfeindlicher Organisationen. Körperliche Übergriffe gingen zurück und es wurden vielmehr subtilere Methoden der psychologischen Folter eingesetzt. Dabei standen Prozesse der Entpersönlichung und der gezielten Wahrnehmungsirritation im Zentrum der Zersetzung der Seelen durch die »operative Psychologie«. Nicht selten wurden bei den Gefangenen Todesängste geweckt und mit Todesandrohung gearbeitet, um Geständnisse zu erpressen. Die zersetzenden Maßnahmen fanden nicht allein in den Haftanstalten der ehemaligen DDR statt. Unüberschaubar ist das Feld der Zersetzung Andersdenkender außerhalb der Haftanstalten (Behnke & Trobisch 1998). Für die Bespitzelung Andersdenkender wurde auch nicht vor der Anwerbung naher Bekannter, Freunde und Verwandter Halt gemacht. Vielmehr wurde gezielt auf die Binnenstruktur von Familien eingewirkt und damit ein Klima von Verrat und Misstrauen geschaffen.

Was wirkte sich spezifisch traumatisch aus? Erweiterung des Traumabegriffes

Nach den Kriterien der derzeit gültigen Klassifikation psychiatrischer Krankheiten (ICD10 1992) lösen Ereignisse mit außergewöhnlicher Bedrohung oder katastrophenartigem Ausmaß posttraumatische Belastungsstörungen (PTBS) aus. Aus dieser Sicht ist es schwierig, zu ermessen, welche Lebensbedingungen in einer Diktatur zur psychischen Traumatisierung geführt haben. Zersetzungsmaßnahmen außerhalb der Haftanstalten sind sehr schwer nachweisbar, haben aber oftmals zu schweren psychischen Schädigungen geführt.

Nach einer Inhaftierung war es von zentraler Bedeutung, ob der Betroffene in den Binnenraum der DDR entlassen wurde oder direkt in die Bundes-

republik Deutschland kam. Von vielen Verfolgten wird ein verlängertes Inhaftierungsgefühl nach der Haftentlassung in die DDR beschrieben. Weitere Überwachungsmaßnahmen bzw. »erzieherische Einflüsse« der Staatssicherheit waren für die Verfestigung der traumatischen Erfahrung entscheidend. Dazu gehörte auch, dass Angehörige eventuell zu leiden hatten. Ein besonders eklatantes Beispiel dafür ist die Zwangsunterbringung von Kindern inhaftierter oder ausgewiesener Systemgegner.
Man kann folgende Formen der Schädigung unterscheiden:

- Politisch Traumatisierte, die in der DDR inhaftiert waren
- Politisch Traumatisierte, die Zersetzungsmaßnahmen außerhalb von Haftanstalten erfuhren
- Politisch Traumatisierte, die zu Gruppe 1 + 2 gehören Menschen,
- die während oder nach Zersetzungsmaßnahmen und Inhaftierung mit erheblicher Symptomatik reagierten, sind von Menschen, die nach jahrelanger Symptomfreiheit dann in Schlüsselsituationen Symptome produzierten und von solchen,
- die nach Haft oder Zersetzungsmaßnahmen keine nennenswerte Symptomatik entwickelten, zu unterscheiden.
- Personen, die zu Gruppe 1, 2 oder 3 gehören und speziell nach der Wiedervereinigung mit starkem Unrechtsempfinden reagiert haben
- Personen, die nach Akteneinsicht bei der Gauckbehörde psychisch dekompensiert sind
- Menschen mit neurotischen Symptomen oder Persönlichkeitsstörungen, die in das Räderwerk der DDR-Diktatur gerieten und deren Störung sich verstärkte oder unverändert bestehen blieb
- Personen mit psychotischen (meist paranoid-halluzinatorischen) Erkrankungen, bei denen eine ursächliche (ätiologische) Klärung kaum möglich ist

Auf der Grundlage unserer Beobachtungen sind drei Hauptgruppen bei den von politischer Verfolgung Betroffenen zu unterscheiden, die sich auf ihre persönlichen Motive bzw. auf ihre subjektive Ausgangslage beziehen. Es handelt sich um

- Menschen mit politisch motiviertem Situationsverständnis, wie Bürgerrechtler oder Oppositionelle,

- Personen, die zufällig ins Visier der Staatsmacht gerieten und nicht wegen gezielter politischer Arbeit, sondern beispielsweise wegen gestellter Ausreiseanträge oder Fluchtversuche verfolgt wurden und
- Menschen mit mittlerer oder schwerer psychischer Vorschädigung, die der repressive SED-Staat z. B. wegen »Asozialität« verfolgte.

Psychodynamische Implikationen bei politisch Traumatisierten der DDR-Diktatur

Stasiopfer wirken in ihrem Selbst- und Fremderleben dauerhaft erschüttert, leben oft isoliert und wie hinter einer unsichtbaren Mauer gefangen. Dabei haben sich insbesondere die zielgerichteten und bewusst gesteuerten Angriffe auf ihre Integrität tief in die Seele dieser Menschen eingegraben.

Gefühle vollkommener Ohnmacht, wie sie in Situationen von Ausweglosigkeit unter den geschilderten Haftbedingungen auftraten, haben zu einer Überflutung des Ichs als Wahrnehmungsorgan geführt. Je nach Schwere der traumatischen Erfahrung brennt sich ein Gefühl von Ungeschützheit und Hilflosigkeit in den Betroffenen ein. Im Sinne der Objektbeziehungstheorie löst sich das Bild von guten und Halt gebenden inneren Objekten auf. Dies kann soweit gehen, dass das Urvertrauen in die Welt, das Vertrauen in die eigene Einschätzungsfähigkeit der Realität empfindlich gestört wird.

Bei den Verfolgten ist im weiteren Verlauf regelmäßig ein Vorgang zu beobachten, der in der psychoanalytischen Auseinandersetzung mit dem Verfolgtentrauma »Reinfantilisierung« genannt wird (Ehlert und Lorke 1988, Ehlert-Balzer 1996). Danach wird der Betroffene durch die Konfrontation mit der eigenen Hilflosigkeit in eine Situation versetzt, die Ähnlichkeit mit der totalen Abhängigkeit von den Primärobjekten (z. B. den Eltern) der frühen Kindheit hat. In den Prozessen dieser traumatischen Regression, d. h. der Rückkehr auf ein kindliches Niveau, kommt es zur Delegation lebenswichtiger Ich-Funktionen an die Täter. Ähnlich wie in der kindlichen Entwicklung, in der das eigene Ich noch schwach und abhängig von den allmächtig erscheinenden Elternfiguren ist, erhoffen die so in die Enge getriebenen Menschen gerade von denen, die sie traumatisieren, Trost, Unterstützung und Zuwendung. Die Opfer werden an das vom Verfolger aufgebaute Feindbild gebunden. Sie übernehmen so in einer Situation größter Ausweglosigkeit die explizit oder implizit geäußerten Einstellungen des Verfolgers über sich als Opfer, nämlich die reale oder phantasierte Abwertung. Die vom Opfer verinnerlichten Sichtweisen des Täters (Introjekte) und zeigen sich durch massive Selbstabwertungen des Opfers (Hirsch 1996).

Bei den politisch Verfolgten der DDR flossen zudem staatsideologisch unterfütterte Verurteilungen mit moralischer Abwertung der persönlichen Lebensgestaltung zusammen. »Du bist ein Volksfeind, du bist kriminell, du bist ein schlechter Sohn!« Die provozierte Selbstabwertung durch die Übernahme des Blickes der Verfolger wurde durch die zersetzende Arbeit der Staatsicherheit, die bestens mit dem Vorleben der Inhaftierten vertraut war, bewusst genährt. Das führte dazu, dass die äußere und innere Realität traumatisierender Einflüsse oft nicht mehr getrennt werden konnte.

In der Folge entstanden dauerhafte Deformationen der Selbstorganisation, ernsthafte Veränderungen der Persönlichkeit, Abspaltungsprozesse, Isolierung von Empfindungen, selbstzerstörerische Tendenzen sowie eine große Unsicherheit in der Einschätzung der inneren und äußeren Realität.

Retraumatisierende Prozesse nach der Wiedervereinigung

Ein Großteil der politisch Verfolgten der DDR-Diktatur sieht sich nach der Wiedervereinigung einem erneut retraumatisierenden Einfluss täglich ausgesetzt. Es wird beklagt, dass Schutz auch in der gesellschaftlichen Realität der wiedervereinigten Bundesrepublik fehle. Es gebe kaum eine Würdigung der Opfer. So erkennen viele Betroffene ihre ehemaligen Peiniger als neue Funktionsträger wieder. Sie müssen feststellen, dass der Umgang mit dem totalitären Staat, aus dem sie kommen, im Rahmen der demokratischen Umwandlung mit vielen Ungerechtigkeiten und moralisch fragwürdigen Entscheidungen gespickt ist. Viele der Betroffenen fühlen sich verhöhnt und sind empört, dass die Verantwortlichen für systematisch ausgeübtes Unrecht besser behandelt werden als sie selbst. Unter dem Eindruck dieser Unrechtserfahrungen ist die Symptomatik des teilweise kompensierten ursprünglichen Traumas bei vielen der Opfer in der »Nachwendezeit« erneut aufgebrochen bzw. chronifiziert.

Mit dem Begriff der Schlussstrichmentalität verbinden besonders die älteren Betroffenen eine aus den Fugen geratene Verhältnismäßigkeit. Höhere Rentenbezüge ehemaliger Mitarbeiter der Staatsicherheit stehen eigenen kargen Renten gegenüber, die nicht selten Folgen früherer beruflicher

Benachteiligung sind. Bei den Versorgungsämtern mussten Viele beim Antrag auf Anerkennung ihrer Haftfolgeschäden erfahren, dass ihnen nicht geglaubt wurde. Sie fühlten sich zu Almosenempfängern degradiert und als Simulanten hingestellt.

Die nach außen getragene moralische Empörung entspricht oftmals jedoch nicht der inneren Befindlichkeit der Betroffenen. Viele Betroffene sind in Folge der beschriebenen inneren Bindung an die Täter mit vernichtenden Vorstellungen über sich infiziert und sehen diese durch solche Reaktionen in der Außenwelt bestätigt. Dabei spielt die konsequent auf Zersetzung zielende Taktik der ehemaligen Staatssicherheit eine bedeutende Rolle für das Fortbestehen eines paranoiden Klimas. Dieses belastet politisch Traumatisierte weiter sehr stark und stört maßgeblich die Verarbeitung ihrer traumatischen Erfahrungen. Die von einem Stasioffizier gegenüber einem Inhaftierten geäußerte Prophezeiung: »Uns wirst du niemals los«, ist für viele politisch Traumatisierte der DDR-Diktatur zur bitteren Realität geworden.

Assoziationen, die auf DDR-Traumen hinweisen

Authentische Assoziationen eines Betroffenen machen deutlich, welche Begriffe den zerstörerischen Einfluss der Verfolgung in der DDR bis heute in Beratungs- und Therapiesituationen zum Ausdruck bringen.

- *Misstrauen*: Man kann nicht ehrlich auf Gefühle reagieren, muss alles veralbern und gezielt ins Lächerliche ziehen. Jeder, der Fragen stellt, ist ein potentieller IM. Noch heute habe ich ungute Gefühle, wenn meine Aussagen in der Therapie dokumentiert werden. Ich fühle mich getestet. (Vermutliches Motto: Wie reagiert der K.?)
- *Angst*: Ich habe Angst, nach Hause zu kommen. Hatte ich ungebetene Gäste? Ich hatte ja schon einmal ein Trüppchen überrascht. Da war die Angst begründet. Vorher hatte ich jedoch auch Angst. Jetzt habe ich Angst, dass die alten Seilschaften wieder aktiv sind.
- *Magenkrämpfe*: Bei jedem Auto, das in meiner Strasse hielt und dessen Türen klappten, dachte ich, sie kommen und holen mich. Schlaflos waren die Nächte, denn ständig kamen Autos. Auch wenn es unangemeldet klingelte, bekam ich Magenkrämpfe. Jedes Mal tauchte die Frage auf: Wer kann das sein?

- *Mauersprache:* Dieser Begriff hat nichts mit dem »antifaschistischen Schutzwall« zu tun. Man erzählt z. B. in der Kneipe viel, sagt aber nichts. Besser ist es, wenn man sich blöd stellt.
- *Unruhe:* Gekoppelt an tiefen Hass tritt Unruhe auf, wenn ich Polizisten in Uniform oder Uniformierte auch von der Feuerwehr oder der Reichsbahn sehe.
- *Ausgebrannt*: Immer auf der Hut zu sein, schlaucht ganz schön.
- *Leise sprechen*: Ganz leise, Feind hört mit. Mir ist dies erst aufgefallen, als ich im Westen war und ich die anderen zum leise Sprechen ermahnte. Es ging um ganz banale Dinge. Als ich sie so ermahnte, fragten sie mich warum? Ich wurde verlegen, zahlte und ging.
- *Falsches Einschätzen von Alltagsgeräuschen*: Klopften Handwerker z. B. den Putz ab und hörten plötzlich damit auf, konnte ich die plötzliche Stille nicht ertragen. Obwohl es mir körperlich schlecht ging, musste ich die Wohnung verlassen. Als ich in den Hof kam, saßen die Handwerker da und machten Frühstückspause.
- *Einsamkeit*: Ich fühlte mich sicherer, wenn alles sich außerhalb der Wohnung abspielt. Ich habe Leute besucht, mich aber nie besuchen lassen.
- *Keine Ruhe*: Allein 1995 bin ich innerhalb eines Jahres sechs Mal umgezogen. Von einer Freundin weggezogen in eine »konspirative« Wohnung am Prenzlauer Berg, danach in meine Wohnung, in der ich gemeldet war und weiter hin und her. 1997 konnte ich dank eines glücklichen Zufalls wenigstens mit der Sauferei aufhören. Ruhe habe ich nicht gefunden. Alles spielte sich immer noch außerhalb meiner Wohnung ab. Die Wohnung diente nur zum Schlafen.
- Halluzinationen? Nachts höre ich heute noch die Klingel meiner früheren Wohnung, jedoch nicht mehr so oft. Wenn es scheinbar schellt, kann ich nicht mehr einschlafen und die Nacht ist vorbei.

Fallbeispiel

Der heute 72-jährige Herr I. wurde in den 50er Jahren wegen »illegaler Gruppenbildung« und Spionage für 25 Monate inhaftiert. Als besonders beängstigend und demütigend erlebte er neben der Einzel- und Isolationshaft die häufigen körperlichen Übergriffe. Nach seiner Haftzeit wurde Herr I. weiterhin unter Druck gesetzt. Man warnte ihn davor, sich in den Westen abzusetzen, das müsse seine Familie ausbaden. Auch nach seiner Entlassung fühlte er sich wie weiter in Arrest. Nach der Wende reagierte er zuerst mit Wut und danach mit schweren Angstgefühlen. In einer Institution, in der internationale Folteropfer behandelt werden, kam es nach verbalen Attacken auf ausländische Folteropfer zum Rausschmiss.

Zur Behandlung: Besonders das Gefühl, auf Ignoranz oder offene Ablehnung zu treffen, war für Herrn I. nicht zu bewältigen. Es führte zu massiven Erregungszuständen. Die eigentliche traumatische Erfahrung verwob sich mit immer neuen Bestätigungen des eigenen Unwerts. So schilderte Herr I. zu Beginn seiner Behandlung als Ausdruck seiner hilflos-wütenden Entschlossenheit, dass er aus alten NVA-Beständen eine Kalaschnikow organisieren wolle, um ein »unübersehbares Zeichen« zu setzen. Die schamvoll verborgene Verwicklung in den traumatischen Vorgang, das entehrte Selbst benötigte zunächst diese omnipotenten Größenphantasien, um den Schmerz der erfahrenen Erniedrigungen nicht mehr spüren zu müssen. In der Behandlung zeigte sich eine komplizierte Übertragungssituation. Herr I. versuchte, mich zum Kampfgenossen in seinem Feldzug gegen seine Unterdrücker zu machen. Dabei unterstellte sich der aus einem patriarchalisch-autoritär geprägten Elternhaus stammende Patient ganz dem Therapeuten. In der Untersuchungshaft und später im Zuchthaus zeigte sich die Übernahme der Täter-Meinungen durch Herrn I. darin, dass er versuchte, durch »gutes Betragen« der allgegenwärtigen Gefahr und Gewalt zu entgehen. Dieses Verhalten hatte sich in ihm als persönliches Versagen und als demütigender Akt eingebrannt.

Die nach außen gezeigten Größenphantasien veränderten sich langsam im Laufe der mehrjährigen Therapie. Mit projektiven Vorgängen wehrte Herr I. Gefühle der Vernichtung und der eigenen Minderwertigkeit ab. So äußerte sich Herr I. nach der ersten Phase des Vertrauensaufbaus besonders abfällig über andere Opfergruppen. Auch zu den Verfolgten des Naziregimes sah sich Herr I. in direkter Konkurrenz. Nur langsam begann er, sich seinen angstvollen Gedanken anzunähern. Er war vielmehr in dem für Traumaopfer typischen Prozess der Suche nach der Mitschuld befangen. Indirekt warf er sich vor, sich nicht genügend gewehrt zu haben. Allmählich merkte er, dass seine Wutausbrüche zu einer weiteren Beschädigung seiner Würde führten.

Seine Frage an mich schien zu lauten. Wie viel Täterschaft darf ich mir in unserer Beziehung erlauben oder werde ich hier erneut zum Opfer gemacht? Besonders die Abwertung anderer Opfergruppen war geeignet, den Therapeuten zu massiven Gegenübertragungsaggressionen zu verführen. Um diese

Verwicklungen der Übertragung- und Gegenübertragung zu begrenzen, wurde mit dem Patienten versucht, die traumatische Realebene zu klären. Ein gut vorbereiteter Besuch seiner Haftanstalt versetzte den Patienten in seine damaligen Gefühle von Ohnmacht zurück. Dieser Besuch ließ ihn aber auch die Erfahrung machen, kontrolliert die reaktualisierten Erlebnisse aushalten zu können.

Wichtig war die Rolle, die sich der Patient dabei erkämpfte. Er beschrieb den Prozess der allmählichen Öffnung nach Außen als sehr hilfreich. Durch eine hinzugekommene Zeugin habe er, stellvertretend für die Gesellschaft, die Bereitschaft zur Würdigung seiner Leiden erkannt und sich nicht mehr als krank empfunden.

Die Therapie war durch die typischen Gefahren des Verfangenseins in den vielen Facetten der Täter-Opfer-Dynamik geprägt: Überaktivierung des Helfers durch Rettungsphantasien, Beendigung der Therapie wegen Stagnation als Ausdruck vollständiger Hoffnungslosigkeit oder Rückzug in theoretische Konzepte, die den Traumatisierten nicht erreichen.

Fazit für die Praxis

In der Arbeitsbeziehung werden inzwischen real durchlebte Auseinandersetzungen mit dem Trauma gesammelt. Elemente von Selbstabwertung werden kontrolliert und projektive Prozesse benannt und als »sicherer Boden« bewahrt, um nicht von der inflationären Wucht der ursprünglichen traumatischen Erfahrung fortgerissen zu werden. Es handelt sich um einen permanenten inneren Kampf mit den ins eigene Innere aufgenommenen, aber inzwischen wieder von der Gesamtpersönlichkeit abgespaltenen Täterintrojekte, in denen sich die gesammelte Selbstabwertung verdichtet hat. In diesem Prozess stellt sich immer wieder die Frage, wie der Verfolgte lernen kann, eine Würdigung seiner Leiden anzunehmen. Der Therapeut gerät damit in die wichtige Position des Vermittlers zwischen traumatischer Erfahrung und gesellschaftlicher Akzeptanz. Herr I. besucht nun unsere Beratungsstelle nur noch in größeren Abständen als Rückversicherung, wie er sagt. Die Existenz der Beratungsstelle ist für ihn auch ein Beleg, dass seine Leiden in einer desinteressiert erscheinenden Gesellschaft nicht vergessen werden.

Literatur

Behnke K, Trobisch S (1998) Panik und Bestürzung auslösen. Die Praxis der ›operativen Psychologie‹ des Staatssicherheitsdienstes und ihre traumatisierenden Folgen. In: Müller K-D, Stephan A (Hg) (1998) Die Vergangenheit lässt uns nicht los. Haftbedingungen politischer Gefangener in der SBZ/DDR und deren gesundheitliche Folgen. Berlin (Berlin Verlag) S. 173–195.

Ehlert-Balzer M (1996) Das Trauma als Objektbeziehung. Veränderungen der inneren Objektwelt durch schwere Traumatisierung im Erwachsenenalter. Forum der Psychoanalyse 12:291–314.

Ehlert M, Lorke B (1988) Zur Psychodynamik der traumatischen Reaktion. Psyche 42:502–532.

Hirsch M (1996) Wege vom realen Trauma zur Autoaggression. Forum der Psychoanalyse 12:31–44.

Müller K-D (1998) »Jeder kriminelle Mörder ist mir lieber…« Haftbedingungen für politische Häftlinge in der Sowjetischen Besatzungszone und der Deutschen Demokratischen Republik und ihre Veränderungen von 1945–1989. In: Müller K-D, Stephan A (Hg) (1998) Die Vergangenheit lässt uns nicht los. Haftbedingungen politischer Gefangener in der SBZ/DDR und deren gesundheitliche Folgen. Berlin (Berlin Verlag) S. 15–137.

Korrespondenzanschrift

Beratungsstelle Gegenwind
Dipl.-Psych. Stefan Trobisch-Lütge
Bredowstraße 36
10551 Berlin
Email: gegenwindberlin@aol.com

2004 · 180 Seiten · Broschur
EUR (D) 19,90 · SFr 34,90
ISBN 3-89806-301-1

Trobisch-Lütge, der 1994 die Beratungsstelle »Gegenwind« in Berlin für Opfer der SED-Diktatur gründete, beschreibt auf der Grundlage seiner 10-jährigen psychotherapeutischen Praxis die Dimensionen der psychischen Schädigungen, die durch Verfolgung und Haft hervorgerufen wurden. Welche Chancen haben diese oftmals schwer traumatisierten Menschen, einen Weg in die gesellschaftlichen Räume des wiedervereinigten Deutschland zu finden? Das Erbe der staatlich erzeugten, massenhaften seelischen Zerstörungen in der ehemaligen DDR trägt sich in Form von unbewussten Beziehungsdeformationen auch in das zusammenwachsende Deutschland. So zeigen die ehemals Verfolgten – von der Öffentlichkeit weitegehend ignoriert – noch heute häufig ein Verhalten von schamvollem Rückzug oder wütender Anklage; sie erscheinen als Opfer zweiter Klasse der zweiten deutschen Diktatur. Mit einer dezidierten Analyse der Gefahren für die Helfer, in die Traumatisierungen der Verfolgten verstrickt zu werden, wendet sich dieses Buch an Betroffene und ihre Angehörigen, professionelle Helfer sowie interessierte Laien.

PSV
Psychosozial-Verlag

Erfahrungen sexualisierter Gewalt in der Lebensgeschichte alter Frauen

Ansätze für eine frauenorientierte Altenarbeit

Martina Böhmer

Zusammenfassung

Sexualisierte Gewalt gegen Frauen ist in den letzten Jahrzehnten immer mehr zu einem öffentlichen Thema geworden. In der Altenarbeit wird es indes nur wenig berücksichtigt. Traumatisierende Erfahrungen wie sexualisierte Gewalt in der Kindheit, Vergewaltigung in der Ehe und frauenspezifische Erlebnisse in der Kriegs- und Nachkriegszeit wurden von den gegenwärtig alten Frauen selten thematisiert und aufgearbeitet. Traumatisierende Erlebnisse werden oft in Pflegesituationen mobilisiert: Geräusche, Gerüche und körperliche Pflegemaßnahmen, insbesondere im Intimbereich, erinnern die inzwischen hilfebedürftigen Frauen an erlebte schreckliche Situationen. Treten dann Abwehrreaktionen einher gehend mit Aggression, Depression oder Verweigerung auf, werden diese häufig nur als Symptome von Alterserkrankungen wie z. B. einer Demenz oder einer Altersdepression interpretiert. Der Zusammenhang mit der Lebensgeschichte wird nicht gesehen. Im Folgenden werden Beispiele aus der Praxis vorgestellt und Anregungen gegeben, wie diese Frauen betreut werden sollten und welche Unterstützung sie brauchen.

Stichworte: Sexuelle Traumatisierung, Posttraumatisches Belastungssyndrom, Altenpflege, alte Frauen, Gewalt gegen Frauen

Abstract: Experiences of sexualized violence in the life history of elderly women. Approaches for women-oriented work with the elderly

Although sexualized violence against women has become an increasingly public topic in recent decades, little account is taken of it in work with the elderly. Traumatizing experiences such as sexualized violence in childhood, marital rape, and women-specific experiences during and after the war were rarely touched upon and dealt with by currently elderly women. Traumatizing experiences are often mobilized in care situations: sounds, smells and physical care measures, especially in intimate areas, recall the experience of horrific situations to meanwhile help-dependent women. Defense reactions accompanied by aggression, depression or refusal are frequently interpreted merely as symptoms of geriatric disorders such as dementia or senile depression. The link with the subject's life history is overlooked. This report presents some examples from psychiatric practice and suggests how these women should be cared for and what support they need.

Key words: Sexual traumatization, posttraumatic stress syndrome, geriatric care, elderly women, violence against women

Erfahrungen sexualisierter Gewalt in der Lebensgeschichte alter Frauen

Sexualisierte Gewalt gegen Frauen und deren gesundheitlichen Folgen werden immer häufiger thematisiert. Nach einer Schätzung haben 22 % aller Frauen in Deutschland in der einen oder anderen Form Gewalt in einer Ausprägung erlitten, die Folgen für ihre Gesundheit hat (Hagemann-White u. Bohne 2003). Das heißt, dass mehr als jede fünfte Frau, die professionelle Hilfe wegen gesundheitlicher Probleme sucht, geschlechtsbezogene Gewalt erlebt hat.

Wer denkt bei solchen Überlegungen aber an alte Frauen? Wir müssen uns klar werden, dass sie sogar mehr als heute junge Frauen unter solchen Gewalteinwirkungen gelitten haben. Sie erlebten nämlich über die häusliche Gewalt hinaus Massenvergewaltigungen im und nach dem Zweiten Weltkrieg, Zwangsprostitution in den Lagerbordellen der Konzentrationslager (Wickert 2000, S. 41ff) und später bis 1948 durch amerikanische Soldaten ((Böhmer 2000, S. 52ff). Allein in Berlin wurden zwischen Frühsommer und Herbst 1945 mehr als 110.000 Frauen vergewaltigt (Sander 1995, S. 54). Viele der von H. Sander befragten Frauen meinten sogar, dass 60 – 70 % aller Frauen in Berlin vergewaltigt worden seien; das wären über 800.000 Frauen. Ca. 40 % der vergewaltigten Frauen erlitten mehrfache Vergewaltigungen (ebd., S. 15 ff).

Auch bei älteren Migrantinnen müssen wir weitere Gewalterfahrungen annehmen, z. B. Zwangsheirat, Beschneidung, Frauen- und Mädchenhandel und frauenspezifische Kriegserlebnisse. Monika Hauser, Gründerin von Medica mondiale, die die Vergewaltigungen im ehemaligen Jugoslawien in den Blickpunkt der Öffentlichkeit rückte, sagte einmal, dass sie immer sehr berührt sei, wenn ihr ältere deutsche Frauen sagen: »Ich weiß, wovon Sie reden, ich habe das alles erlebt und konnte nie darüber sprechen. Machen Sie weiter, damit die bosnischen Frauen das nicht auch nach 50 Jahren sagen müssen.«

In Deutschland wird jede Stunde eine Frau vergewaltigt (Kriminalstatistik 2001). Diese Zahl bezieht sich lediglich auf die angezeigten Verbrechen. Da nur zwischen 10 – 30 % der Vergewaltigungen angezeigt werden, ist die reale Häufigkeit viel höher. Nach Schätzungen des Bundeskriminalamtes (1997) werden jährlich ungefähr 200.000 Mädchen allein in den alten Bundesländern sexuell traumatisiert. Die Vermutung liegt nahe, dass die heute alten Frauen früher mindestens ebenso häufig durch sexualisierte männliche Gewalt traumatisiert wurden wie die jüngeren Frauen heute. Bei den jetzt alten Frauen wird aber selten ein Zusammenhang zwischen ihren Erkrankungen, Symptomen und Verhaltensweisen und ihren sexualisierten Gewalterfahrungen hergestellt.

Viele der alten Frauen erzählen außerdem, dass sie sich in der Ehe gezwungen sahen, ihrem Gatten pflichtgetreu ihren Körper zur Verfügung zu stellen. Erst am 1. 7. 1977 wurde durch die Reform des Eherechts der Begriff »eheliche Pflichten« gestrichen. Alte Frauen sind allerdings mit diesem Rechtsbegriff aufgewachsen und konnten sich deshalb nicht gegen die eheliche Gewalt wehren oder sich ihr entziehen. Schließlich wurde erst 1997 der erzwungene eheliche Beischlaf als Vergewaltigung strafbar.

Sexualisierte männliche Gewalt erlebten die alten Frauen sicher ebenso häufig durch ihre Väter, Onkel, Brüder, Großväter, Fremdtäter usw. wie heute die jungen.

Traumatisierte alte Frauen im Krankenhaus und im Pflegeheim

Frauen, die alt und hilfebedürftig geworden sind, können ihre Überlebensstrategien, die ihnen geholfen haben, ihr Leben nach traumatischen Erfahrungen zu bewältigen, nicht mehr aufrechterhalten. Ihre Schlafstörungen, Angstzustände, Depressionen usw. unterdrückten sie mit Medikamenten und suchten ihre Befriedigung in der Versorgung Anderer. Sie versuchten die Rollen, die ihnen aufgezwungen wurden, wie die der guten, bedürfnislosen Ehefrau oder Mutter, perfekt auszufüllen. Im Alter haben sie dazu entweder nicht mehr die Möglichkeiten oder sind körperlich nicht mehr dazu in der Lage. So ist beispielsweise häufig zu beobachten, dass die Hausarbeit und das Kümmern um Andere dazu diente, sich abzulenken. Solche Aktivitäten sind allerdings in Heimen meist nicht mehr möglich. Alte Frauen sind im Altenpflegeheim oder im Krankenhaus den ganzen Tag mehr oder wenig untätig. Sie sind darauf angewiesen, dass andere Menschen ein Aktivierungsprogramm für sie schaffen. Es gibt – wenn überhaupt – meist nur eine Mal-, Sing- oder Bastelgruppe.

Eine alte pflegebedürftige Frau ist damit in der Regel in einer Situation, in der sie viel Kontrolle abgeben muss, auf Andere angewiesen ist, meist nicht mehr selbstbestimmt leben kann und Vielem ohnmächtig gegenübersteht.

Durch die notwendige Pflege wird außerdem in den persönlichen Intimraum eingegriffen. Auch dadurch werden Situationen geschaffen, die wieder traumatisch erlebt werden können. Auch lässt bei alten Menschen bekanntermaßen das Kurzzeitgedächtnis nach, das Langzeitgedächtnis kommt mehr zum tragen. Dadurch beschäftigen sich alte Menschen zunehmend mehr mit ihrer Vergangenheit oder leben in ihren Erinnerungen an Kindheit und Jugend. Mit diesen Erinnerungen, die wieder so nah sind, können durch aktuelle Geräusche, Gerüche und körperliche Erfahrungen alte Gefühle mobilisiert werden, die mit den früheren Geschehnissen zusammen hängen.

Das Erkennen des Zusammenhangs zwischen früheren sexuellen Gewalterfahrungen und Verhaltensänderungen einer alten Frau ist in der Altenarbeit häufig mehr oder weniger zufällig. Das Ergreifen entsprechender Maßnahmen bleibt oft darauf beschränkt, dass die Pflege z. B. dann nur von weiblichem Personal durchgeführt wird und dies auch nur, wenn die Personalbesetzung dies zulässt. Die Diagnose des Posttraumatischen Belastungssyndroms ist mir in der Altenarbeit noch nirgendwo begegnet.

In einem Altenheim, in dem ich vor ein paar Jahren arbeitete, lebte eine alte Frau, die im täglichen Leben völlig unauffällig war. Sie wollte allerdings fast jeden Abend nicht ins Bett gehen. Sie bekam abends und nachts Angstzustände und rief oft laut um Hilfe. Auf das Erscheinen des Nachtdienstes reagierte sie oft panisch. Morgens erzählte sie dann, dass in der Nacht Soldaten an ihrem Bett gewesen seien, die sie vergewaltigen wollten. Vom Pflegepersonal wurde daraufhin dokumentiert, dass die Frau unter Halluzinationen und Wahnvorstellungen leide.

Mein Hinweis, dass diese Frau sich wahrscheinlich an frühere Vergewaltigungen durch Soldaten erinnerte und unter Angst litt, weil vielleicht der Klang der Schritte der Nachtschwester solche Erinnerungsbilder hervorrief, bewahrte sie nicht vor der Verordnung des Psychopharmakons Haloperidol. Es wurde verordnet, ohne dass sie zuvor eingehend zu ihren Ängsten befragt wurde.

Je länger und schwerer die traumatischen Erlebnisse waren und je weniger diese ins Leben integriert werden konnten, desto wahrscheinlicher, schwerer und länger anhaltend treten die Folgen und Symptome auf. Traumatisierungen können bei allen Formen von psychischen Störungen mitwirken, z.B. bei Wahrnehmungsstörungen, Apathie, Depression, Angst- und Panikzuständen, regressivem Verhalten, Aggressivität, Zwangshandlungen und auch bei Halluzinationen. Im somatischen Bereich kann es zu chronischen Schmerzen, Schlafstörungen, Übelkeit, Appetitlosigkeit, Essstörungen, Atemstörungen und zu extremen Schwankungen aller Vitalwerte kommen.

Es kommt auch häufig vor, dass sich alte Frauen nicht waschen oder nicht zur Toilette führen lassen wollen bzw. können, weil sie diese Hilfeleistungen als körperliche Übergriffe erleben und nicht ertragen.

Während meiner Zeit als Altenpflegerin in einem Krankenhaus erlebte ich eine alte Frau, die eines Abends völlig panisch über das nächtliche Erscheinen von Tieren in ihrem Bett erzählte. Diese Angstzustände wiederholten sich an den folgenden Abenden. Ihr wurde von der Stationsärztin als einzige Maßnahme Haloperidol verordnet. Die Patientin fühlte sich nicht ernst genommen. Bei längeren Gesprächen mit ihr, die während der Pflege stattfanden, fand ich heraus, dass sie 1945 von amerikanischen Soldaten vergewaltigt worden war. Mir fiel auf, dass die Mitpatientin in ihrem Zimmer täglich Besuch von ihrem Ehemann erhielt, der Amerikaner war und der mit seiner Frau Englisch sprach. Das Hören dieser Sprache ließ offensichtlich alte Erinnerungen und Ängste aufkommen. Die alte Frau wurde in ein anderes Zimmer verlegt, so dass sie keinen Kontakt mehr mit dem amerikanischen Mann hatte. Nach wenigen Tagen gingen nach intensiven Gesprächen die Halluzinationen und Angstzu-

stände zurück, so dass das (völlig unnötige) Psychopharmakon abgesetzt werden konnte. Meine zufällige Erkenntnis bewahrte diese alte Frau vor einer langfristigen oder gar lebenslangen Einnahme von Psychopharmaka.

Zu der Gefahr der Re-Traumatisierung kommt die der neuen Traumatisierung durch – gewollte und ungewollte – Gewalt in der Pflege. Auch medizinische Diagnosen und Behandlungen, besonders invasive (eindringende) Methoden wie z.B. das Legen eines Katheders, können einen traumatisierenden Charakter haben. Dies insbesondere dann, wenn sie »über den Kopf einer alten Frau hinweg« durchgeführt werden.

Ich erinnere mich an eine 87-jährige Frau im Krankenhaus. Sie war zu Hause gestürzt, hatte sich einen Beckenbruch zugezogen und war bettlägerig. Sie sollte mobilisiert werden. Nach ein paar Tagen kam einer meiner Kollegen ganz bestürzt auf mich zu. Die Frau hatte ihn abgewiesen und grob beschimpft. Er war sich keiner Schuld bewusst. Diese Frau litt unter Angstzuständen und Halluzinationen. Sie reagierte in solchen Zuständen leicht aggressiv und warf auch einmal eine Flasche durchs Zimmer. Auch sie bekam – allerdings »nur« bei Bedarf – Haloperidol.

Als ich mit der alten Frau sprach, erzählte sie mir, dass sie Berlinerin sei und nach dem Zweiten Weltkrieg von mehreren russischen Soldaten vergewaltigt worden sei. Ihr kleiner Sohn musste zuschauen. »Seitdem habe ich es mit Männern nicht so und manchmal leide ich eben an Angstzuständen«, meinte sie. Auf meine Frage, wie ihr Ehemann später, als er aus dem Krieg heimkehrte, darauf reagiert habe, sagte sie, dass sie ihm nie etwas davon erzählt habe. Ihre Ehe sei mehr auf kameradschaftlicher Basis verlaufen. »Sexualität und Leidenschaft ist ja nicht alles.«

Oftmals höre ich von Kollegen und Kolleginnen aus dem medizinischen und pflegerischen Bereich, dass sie Angst davor haben, solche Themen bei alten Frauen anzusprechen. Sie befürchten, dass diese dann psychisch völlig aus dem Gleichgewicht geraten (dekompensieren). Dieser Befürchtung fühlen sie sich nicht gewachsen. Meiner Erfahrung nach ist diese Angst unbegründet, weil die alten Frauen in der Regel froh sind, wenn sie ihre Geschichte erzählen und sich so entlasten können.

Einen anderen Grund sehe ich darin, dass in der Kranken- und Altenpflege hauptsächlich Frauen arbeiten, die natürlich ebenso von sexualisierter und anderer Gewalt traumatisiert sein können und sprachlos bleiben, wenn sie selbst diese Traumata verdrängen.

Vor einiger Zeit lernte ich eine 80-jährige Frau auf der Station kennen, die nachts kaum schlafen konnte. Sie ging ca. 10 mal auf die Toilette und bestand darauf, dass in der Nacht das Licht im Zimmer anblieb, was natürlich ihre Bettnachbarin störte. Bei der Visite erzählte sie der Ärztin, dass sie nachts nicht schlafen könne, weil sie immer an ihren Vater denken müsse. Die Ärztin reagierte mit der Frage: »Sie haben ihren Vater wohl im Alter pflegen müssen?« Die alte Frau antwortete, sie könne nicht schlafen, weil ihr Vater früher, als sie ein kleines Mädchen war, nachts immer zu ihr ins Bett gekommen sei. Die Ärztin ist nach dieser Antwort rat- und hilflos und geht nicht darauf ein.

Sinnvoll wäre hier sicherlich gewesen, wenn die Ärztin mit der alten Frau darüber gesprochen hätte, was sie brauche, um sich in der Nacht sicher zu fühlen. Der alten Frau wäre so auch signalisiert worden, dass sie ernst genommen wird und man hätte mit ihr ein entsprechendes Pflegekonzept erarbeiten können.

Somatische, psychische und psychiatrische Symptome alter Frauen werden aber mehrheitlich nur als Zeichen einer Krankheitsdiagnose (z.B. Demenz oder Depression) gesehen und entsprechend dieser Diagnose medikamentös behandelt. Der Zusammenhang mit der Lebensgeschichte wird nicht erfragt und thematisiert. Alte Frauen erhalten besonders in den Heimen eine Symptombehandlung mit einer Vielzahl von Medikamenten.

Verweigert eine alte Frau z.B. das Essen, so fühlen sich die Pflegenden gezwungen, ihr gegen ihren Willen das Essen zu verabreichen. Diese Maßnahme erinnert die alte Frau vielleicht an eine orale Vergewaltigung und löst bei ihr Panik aus. Abgesehen davon, dass sie dadurch leidet, leiden auch diejenigen, die diese Pflegemaßnahme glauben durchführen zu müssen.

Umgang mit traumatisierten alten Frauen

Um den Umgang und die Pflege zu verbessern, ist es wichtig, dass vorhandene Symptome nicht per se und ausschließlich nur als Zeichen einer Alterserkrankung gesehen und entsprechend behandelt werden. Von grundlegender

Bedeutung ist vielmehr, dass traumatisierte alte Frauen bei der Pflege und Behandlung ein Gefühl der Sicherheit bekommen. Eine solche Sicherheit können sie nur erhalten, wenn sie dabei möglichst autonom bleiben und über sich und ihren Körper zumindest mitbestimmen können. Dies ist oft nicht der Fall, wenn Hektik vorhanden ist, die Pflege zu zweit rasch durchgeführt wird oder invasive (eingreifende) Maßnahmen wie das Legen eines Dauerkatheders notwendig sind. In solchen Situationen besteht die Gefahr, dass traumatische Erinnerungen wach gerufen werden. Es liegt in der Natur der Pflege, dass es bei pflegebedürftigen Menschen zu (körperlichen) Grenzüberschreitungen kommt. Deshalb ist es wichtig, den Frauen dann hilfreich zur Seite zu stehen, wenn bei ihnen traumatische Erinnerungen wach geworden sind und sie mit den vielfältigsten Symptomen reagieren. Die auftretenden Verhaltensweisen und Symptome – seien sie nun körperlicher oder psychischer Art – sind immer erst einmal als mögliche Reaktionen auf die Gegebenheiten um sie herum, auf unsere Maßnahmen oder auf Erinnerungen an traumatisierende Ereignisse zu sehen. Um solche Reaktionen verstehen zu können, ist es von Bedeutung, möglichst viel aus der Biographie der Frauen zu erfahren.

Ziel ist es, mit traumatisierten alten Frauen so umzugehen und sie so zu unterstützen, dass sie die Pflege nicht als Retraumatisierung erleben. Es ist z. B. unabdingbar, ihre Intimsphäre bei der Pflege und Behandlung etwa mit einer »spanischen Wand« zu schützen.

Auch können Pflegende oder Ärzte und Ärztinnen eine pflegerische, diagnostische oder therapeutische Maßnahme unterbrechen, wenn ein bestimmtes Abwehrverhalten zu bemerken ist. Eine von mir häufig beobachtete Abwehr ist die, dass alte Frauen z.B. bei der Grundpflege im Bett einschlafen.

Wird ein Abwehrverhalten wie dieses deutlich, ist zu hinterfragen, ob eine solche Maßnahme mehr schadet als nützt. Dadurch wird besonders den Frauen, die an einer demenziellen Erkrankung leiden, deutlich gemacht, dass ihre Ängste und Bedürfnisse wahrgenommen und akzeptiert werden. Wenn sich eine alte Frau beispielsweise gegen das Essen oder die Körperpflege wehrt, so könnte ihre Hand so geführt werden, dass sie sich selbst das Essen gibt und sich wäscht. Wir müssen uns klar werden, dass es für viele dieser Frauen keinen Ort gab, an dem ihre Bedürfnisse nach Trost, Mitgefühl und Verständnis ernst genommen wurden. Auch die Möglichkeit, Wut und Hass auf die Täter ausleben zu können, war verstellt. So wehrten alte Frauen ihre

Erinnerungen an die Traumata oft soweit ab, dass sie oftmals gar nicht mehr erinnert werden konnten, um überhaupt »funktionieren« zu können.

Ausblick

Die Tatsache, dass alte Frauen Symptome der Posttraumatischen Belastungsstörung nach früher erlebter sexualisierter Gewalt zeigen, wird in der Altenpflege, der Geriatrie und der Gerontopsychiatrie kaum bedacht. Während es für Frauen bis zum sechzigsten Lebensjahr inzwischen klinische Einrichtungen zur Behandlung Posttraumatischer Belastungsstörungen gibt, werden ältere Frauen mit denselben Störungen in gerontopsychiatrische Abteilungen aufgenommen. Dort behandelt man sie nach den gängigen Alters-Diagnosen – ohne Einbeziehung der Lebensgeschichte – mit Psychopharmaka oder sogar Elektrokrampftherapie (Böhmer 2000, S. 98). Eine Traumatherapie wird in der Regel nicht angeboten.

Es ist aber an der Zeit, dass die Diagnose Posttraumatische Belastungsstörung gestellt und die Behandlung danach ausgerichtet wird, auch wenn gleichzeitig eine beginnende Demenz vorliegt. In meinen Augen ist es unumgänglich, dass für Frauen, die unter – meist von Männern ausgehender – Gewalt leiden, Traumastationen ausschließlich für Frauen eingerichtet werden. Auch muss es möglich sein, dass Psychotherapeuten und Psychotherapeutinnen immobil gewordene Frauen dort aufsuchen und behandeln, wo sie wohnen: also zu Hause oder im Heim. Dabei müssen sicherlich für alte Frauen besondere therapeutische Konzepte erarbeitet werden.

Außerdem ist es zwingend notwendig, dass alle, die mit alten Frauen arbeiten, Supervision erhalten bzw. in Ihren Ausbildungen auf den Umgang mit traumatisierten alten Frauen vorbereitet werden. Hierzu gilt es, neue Unterrichtsinhalte für die therapeutische Arbeit mit alten Frauen zu erarbeiten. Dabei sollte auch auf die Erfahrungen der Frauen in Frauenberatungsstellen und Frauennotrufen zurückgegriffen werden.

Vielleicht trägt dieser Artikel ein klein wenig zu den angestrebten Veränderungen bei. Pflegende, die Frauen unterstützen, die sexualisierte Gewalt erfahren haben, brauchen selbst Unterstützung. Das heißt aber nicht, dass sie in Zeiten, in denen sie (noch) nicht an Supervisionen oder Balintgruppen teilgenommen haben, die Augen vor den Problemen traumatisierter alter Frauen verschließen.

Literatur

Böhmer M (2000) Erfahrungen sexualisierter Gewalt in der Lebensgeschichte alter Frauen. Frankfurt (Mabuse).

Wickert C (2002) Tabu Lagerbordell. In: Eschebach I, Jacobeit S, Wenk S (Hg.) Gedächtnis und Geschlecht. Deutungsmuster in Darstellungen des Nationalsozialistischen Genozids. Frankfurt/New York (Campus).

Hagemann-White C, Bohne S (2003) Versorgungsbedarf und Anforderungen an Professionelle im Gesundheitswesen im Problembereich Gewalt gegen Frauen und Mädchen. Expertise für die Enquêtekommission »Zukunft einer frauengerechten Gesundheitsversorgung in NRW". Universität Osnabrück.

Herman JL (1993) Die Narben der Gewalt – Traumatische Erfahrungen verstehen und überwinden. München (Kindler).

Sander H, Johr B (1995) BeFreier und Befreite. Frankfurt (Fischer Taschenbuch).

Korrespondenzadresse

Martina Böhmer
Im Aehlemaar 5
51467 Bergisch Gladbach
Tel.: 02202 / 240380
Fax: 02202 / 240381
Email: info@martinaboehmer.de
Home: www.martinaboehmer.de

Gewalt gegen alte Menschen – aktuelle Traumatisierungen

Rolf Dieter Hirsch

Zusammenfassung

Erst seit wenigen Jahren wird dem Problembereich »Gewalt gegen alte Menschen« in Deutschland mehr Aufmerksamkeit geschenkt. Gewalt tritt im öffentlichen Raum, in der Familie und in Institutionen auf. Gewalthandlungen sind meist komplex und vielschichtig und werden von personalen, strukturellen und kulturellen Faktoren bedingt, die unter den Stichworten Gewaltzyklus, Pflegeabhängigkeit, Pflegebelastung und persönliche Probleme beschrieben werden. Die Folgen von Gewalt sind vielfältig, langanhaltend und können zu psychischen Störungen führen. Durch ein Assessment ist zu klären, welche Schritte zur Verringerung von Gewalt führen. Grundlage von Gewaltinterventionen ist »Hilfe vor Strafe«.

Stichworte: Gewalt – Altersdiskriminierung – Trauma – ageism

Abstract: Maltreatment of the Elderly – Ongoing Traumatizations

The issue of maltreatment of the elderly has come to public attention in Germany only in recent years. Such maltreatment may be encountered in public, in the family and in institutions. It usually presents with a high degree of complexity due to the many factors involved, including personnel, structural and cultural aspects. Maltreatment of elderly persons may have many enduring effects, including psychiatric disorders. An assessment is required for interventions against maltreatment. The underlying principle of such interventions is *»help before punishment«*.

Key words: Maltreatment, ageism, trauma

Einführung

Hatten sich Gesellschaft und Wissenschaft schon in den 60er und 70er Jahren intensiver um Gewalt gegen Kinder und Frauen gekümmert, so geschieht dies hinsichtlich Gewalt gegen alte Menschen – von Land zu Land in sehr unterschiedlicher Intensität – erst seit den 80er Jahren. Gewalt gegen alte Menschen im öffentlichen Raum, in der Familie und in Institutionen (Kliniken und Einrichtungen der Altenhilfe) sind nicht selten (Brucker 2000, Hirsch, Brendebach 1999, Goergen u. a. 2002, Hirsch, Kranich 1999, Hirsch, Kranzhoff 1996, Klie, Pfundstein 2002, Wetzels u. a. 1995). Dennoch gibt es in Deutschland kaum Einrichtungen, die sich für diese Gewaltopfer zuständig fühlen.

Definition und Formen

Wird Gewalt gegen alte Menschen als eine kriminelle Handlung betrachtet, so geht es um die Verursachung, die Gewaltabsicht und die Verletzungsfolgen. Gewalt gegen alte Menschen – oft synonym Altenmisshandlung – kann auch als ein soziales Problem angesehen werden. Betont wird hierbei die Rolle kulturspezifischer Wahrnehmungen, sozialer Normen und Wertsetzungen. In der Psychologie versteht man unter Gewalt eine spezifische Form der Aggression (Lösel u. a. 1990). Sie zeichnet sich durch zwei Merkmale aus (Rauchfleisch 1996): durch die Schädigung eines anderen Menschen und durch das Machtgefälle zwischen Täter und hilflosem, schwächeren Opfer. Als häufigste Gewaltformen werden körperliche, seelische und sexuelle Misshandlung sowie finanzielle Ausbeutung (Kleinschmidt 1997, NCEA 2000) genannt. Einen praxisorientierten Überblick über die verschiedenen Formen von Gewalt gibt die Tabelle 1.

Galtung (1975, 1993) bezieht strukturelle und kulturelle Phänomene in sein Konzept der Gewalt ein. Er versteht unter Gewalt jedes Handeln, welches potentiell realisierbare grundlegende menschliche Bedürfnisse (Überleben, Wohlbefinden, Entwicklungsmöglichkeit, Identität und Freiheit) durch personelle, strukturelle oder kulturelle Determinanten beeinträchtigt, einschränkt oder deren Befriedigung verhindert. Zur Verhütung von Gewalthandlungen bzw. zur Intervention bei diesen sind umfangreiche Überlegungen (Hirsch & Vollhardt 2002) erforderlich:

- Gewalt ist eine vermeidbare Beeinträchtigung menschlicher Grundbedürfnisse. Diese Definition ist neutral und vermeidet den Skandalisierungseffekt, da eine Emotionalisierung der Sachverhalte häufig einer Aufklärung und Korrektur im Wege steht.
- Die multifaktoriellen Entstehungsbedingungen sind veränderbar und fordern zum Handeln auf.
- Ein einfaches Moralisieren nach einem »Opfer – Täter« – bzw. nach einem »Gut–Böse«-Schema hilft dabei nicht weiter.
- Es ist ein mehrdimensionales Assessment notwendig.

Häufigkeit

Auch wenn es einige Angaben über die Häufigkeit des Auftretens von Gewalthandlungen gegen alte Menschen in Deutschland gibt, so sind diese derzeit noch unbefriedigend.

Tabelle1: Formen von Gewalt an alten Menschen (Johnson 1991, Hirsch 2000).

Gewaltformen

körperliche	psychische	sozial	rechtliche
– Medikamentenmissbrauch Vorenthalten Unangemessene oder Unnötige Anwendung	– Demütigung Beschämung Beschuldigung Bloßstellung Ablehnung	– Isolation Erzwungener Rückzug „Freiwilliger" Rückzug Unangemessene/ungeeignete Beaufsichtigung	– Materieller Missbrauch Misswirtschaft bei Eigentumsfragen Misswirtschaft bei Verträgen Zugang zu Eigentum / zu Verträgen sperren
– Beeinträchtigung Übersehen von medizinischen Bedürfnissen Mangelhafte Hygiene Fehl-/ Mangelernährung Störung der Ruhe	– Quälen Beleidigungen Einschüchterung Furchtauslösung Aufregen	– Rollenkonfusion Konkurrenz Überlastung Umkehrung Auflösung	– Diebstahl Stehlen von Eigentum oder von Verträgen Erpressen von Eigentum oder von Verträgen
– Tätlicher Angriff Äußere Verletzungen Innere Verletzungen Vergewaltigung Selbstmord / Totschlag	– Manipulation Informationen zurückhalten oder verfälschen Reizentzug Einmischen in Entscheidungen	– Beeinträchtigung des Lebensraums Desorganisierter Haushalt Mangel an Privatsphäre Unangemessene Umgebung Aufgabe des gewohnten Umfeldes	– Missbrauch von Gesetzen Leugnung von Verträgen Unfreiwillige Unterwerfung Unnötige rechtliche Betreuung Missbrauch von professioneller Autorität

- Opfer einer *kriminellen Handlung* im öffentlichen Raum wurden nach einer Untersuchung von Wetzels und Mitarbeitern (1995) 1991 7,5 % der über 60-jährigen in den alten Bundesländern und in Westberlin und 9% in den neuen Bundesländern. Ausgeschlossen von der Untersuchung waren allerdings pflegebedürftige und in Institutionen lebende alte Menschen; deshalb waren über 75-jährige deutlich unterrepräsentiert. Aus der Bonner HsM-Studie (Hirsch & Kranich 1999) geht hervor, dass innerhalb der letzten fünf Jahre (1993–1997) 35,3% der über 60-jährigen Bonner Bürger Opfer von Gewalthandlungen wurden (60–74-jährige: 39,5%; 75-jährige und ältere: 29,6%). Häufigste Delikte waren (Einbruch-)Diebstahl, Betrug und Handtaschenraub. Je älter die Betroffenen sind, desto häufiger ist die eigene Wohnung der Tatort.
- Gewalthandlungen im *häuslichen Bereich* werden mit 6,6% für das Jahr 1991 angegeben (Wetzels u. a. 1995). 3,4% wurden Opfer physischer Gewalt, 2,7% litten unter aktiver Vernachlässigung oder durch Medikamentenmissbrauch (Vorenthalten oder Zwangseinnahme), 1,3% wurden materiell geschädigt und 0,8% berichten über chronische verbale Aggression. In der Bonner HsM-Studie (Hirsch & Brendebach 1999) waren 10,8% der über 60-jährigen innerhalb der letzten fünf Jahre Opfer in der Familie (60-74-jährige: 13%; über 75-jährige: 7,5%). Häufigste Formen sind körperliche und psychische Misshandlung, Vernachlässigung und finanzielle Schädigung. Psychische Gewalt ist meist mit anderen Formen der Gewaltausübung verbunden.
- Aus einer Untersuchung von Hirsch und Kranzhoff (1996) in 29 *gerontopsychiatrischen Abteilungen* geht hervor, dass bei 25% der 2.374 Patienten innerhalb von 24 Stunden wenigstens eine bewegungseinschränkende Maßnahme durchgeführt wurde. Fixiert wurde hauptsächlich »vorsorglich« wegen Sturzgefahr (48,2%), Schwindel/Gangunsicherheit u. ä. (27,8%) und quälende/rastlose Unruhe/Agitiertheit (15,7%).
- Bei einer Untersuchung von (offenen) Pflegestationen in sechs *Altenheimen* wurden innerhalb eines Beobachtungszeitraums von 48 Stunden bei 51% der Heimbewohner freiheitsbeschränkende Maßnahmen durchgeführt (Hollweg 1994). Klie und Pfundstein (2002) führten in 31 Münchener Alten- und Pflegeheimen eine Stichtagserhebung im Jahr 2000 zum Thema »freiheitsentziehende Maßnahmen« durch. Mechanische Maßnahmen der Fixierung an Stuhl oder Bett konnten bei 41,4% der Bewohner

festgestellt werden. Am häufigsten sind Maßnahmen am Bett, insbesondere durch Bettgitter (40,6%). Etwa ein Drittel der Bewohner musste die Maßnahmen am Bett über 20 Stunden und die Fixierungen am Stuhl über mehr als acht Stunden erdulden. Als Gründe für die Fixierung wurde am häufigsten »Sturzgefahr/Gehunsicherheit« angegeben (91%).

Ursachen

Unterschiedliche Begleitumstände und Faktoren sind an Gewalthandlungen beteiligt. So beschreiben Reis und Nahmish (1998) Gewaltindikatoren in drei Kategorien:

- Kennzeichen der »Täter« (z. B. psychische Störungen oder Unerfahrenheit mit der Pflegerolle),
- Kennzeichen der »Opfer« (z. B. Gewalthandlungen in der Vorgeschichte oder soziale Isolation) sowie
- Indices für den interpersonalen Bereich (z. B. problematische soziale und persönliche Beziehungen, finanzielle Abhängigkeit vom Gepflegten, geringe empathische Fähigkeiten).

Das gesamte Bedingungsgefüge wurde in einer Übersichtsdarstellung (NACEA 2000) in drei Komplexe eingeteilt: Gewaltzyklus, Pflegeabhängigkeit von alten Menschen und Pflegebelastung, wobei die persönlichen Probleme des Misshandelnden die Problematik noch mitgestalten. Leider werden bisher strukturelle Gegebenheiten und kulturelle Einflussgrößen noch nicht berücksichtigt:

- Gewaltzyklus: Darunter versteht man das älteste Ursachenmodell, das auf der Untersuchung von Kindesmisshandlungen beruht. Es besagt, dass das Misshandlungsverhalten erlernt und von der einen auf die nächste Generation übertragen wird (Jogerst u. a. 2000). Eine solche Familiendynamik wurde insbesondere bei Paaren beschrieben, bei denen ein Partner pflegeabhängig und dement geworden war (Homer & Gilleard 1990, Coyne u. a. 1993).
- Pflegeabhängigkeit: Dieses Erklärungsmodell orientiert sich an der Beobachtung, dass Altenmisshandlung überwiegend in Pflegebeziehungen

auftritt. Die Abhängigkeit hängt zusammen mit der Beeinträchtigung der alltagspraktischen und kognitiven Fähigkeiten und den psychiatrischen Symptomen wie Verwirrtheit und Depression (Lachs 1997, NACEA 1998).

Pflegebelastung: Die Dauerbelastung durch die Pflege und die Notwendigkeit, eigene Bedürfnisse zurückzustellen, können zu Erschöpfung, sozialer Isolation und zu psychischen Belastungssymptomen führen (Coyne u. a. 1995). Häufig ist nicht diese Pflegesituation per se dafür ausschlaggebend, sondern das Hinzutreten anderer Faktoren wie z. B. fehlende Unterstützung, finanzielle oder emotionale Abhängigkeit. Situative Auslöser, externe Stressoren oder Krankheiten der Pflegenden können auch dabei wirksam sein (Jones u. a., 1997 Kleinschmidt 1997). Besonders häufig ist in der stationären Pflege ein Burnout der Pflegenden (Pillemer & Moore 1989). Dabei spielen neben Stressoren aus dem persönlichen Leben auch institutionelle Faktoren eine Rolle (Schneider 1994, Foner 1994, Goodridge u. a. 1996, Glendenning 1999).

Folgen einer Gewalthandlung

Die Auswirkungen körperlicher oder seelischer Gewalt bei alten Menschen werden als besonders gravierend beschrieben (Whittaker 1987). Aus der Bonner HsM-Studie geht hervor, dass 17 von insgesamt 44 alten Menschen durch die Misshandlung nachhaltig beeinträchtigt wurden (Brendebach & Hirsch 1999). 15 von ihnen litten an Ängsten und 12 hatten das Gefühl der Missachtung und Erniedrigung. Bei zehn Personen kam es zu finanziellen Nachteilen und bei sechs zu körperlichen Verletzungen.

Aus einer Untersuchung von Comijs und Mitarbeitern (1998) geht hervor, dass die meisten Opfer »anger, disappointment or grief« (Wut, Enttäuschung oder Trauer) zeigten. Auf verbale oder körperliche Aggression reagierten immerhin 11 von 43 alten Menschen selbst aggressiv. Aus Altenheimen ist bekannt, dass auf Gewalthandlungen, insbesondere bei Vernachlässigung, Interesselosigkeit an der Umwelt, depressive Symptome, Identitätsverlust, Resignation, Regression und Suizidalität auftreten (Meyer 1998, Schneider 1994).

Zusammenfassend lassen sich folgende Gewaltfolgen beschreiben:

- länger andauernde Gefühle der Erniedrigung, Beschämung, Missachtung und Hoffnungslosigkeit bis hin zur Selbstaufgabe,
- zunehmende Isolation, Vereinsamung und Angst vor Dritten,
- pathologische Trauerreaktionen und reaktive Depressionen,
- Hilflosigkeit, Abhängigkeit und Lähmung von Aktivitäten,
- Vermehrung und Chronifizierung von Ängsten,
- länger andauernde körperliche und psychische Beeinträchtigungen nach massiver körperlicher Gewaltanwendung,
- Auftreten von psychosomatischen Erkrankungen,
- destruktive Umgangsweisen mit sich selbst bis zum Suizidversuch,
- Abgleiten in Armut nach finanzieller Ausbeutung und
- posttraumatische Belastungsstörungen.

Assessment

Die Klärung, ob Gewalthandlungen vorliegen und wie diese beeinflusst werden können, bedarf eines mehrschichtigen Prozesses (Abb.1).

Abb. 1: Gewalt–Assessment (Hirsch & Vollhardt 2002)

Bei vorliegendem Verdacht muss dieser objektiviert werden. Grundsätzlich ist eine Fremdanamnese, die eingehende körperliche Untersuchung (Verletzungen? Druckgeschwür? Mangelernährung?) und die Überprüfung der Medikation (Über-, Unter- oder Fehldosierung?) erforderlich. Ein nächster Schritt besteht in der Einbeziehung des/der »Täter(s)« und der Klärung der Beziehungsmuster sowie der situativen Faktoren. Um weiteren Gewalthandlungen vorzubeugen, muss ferner geklärt werden, wie motiviert die betroffene Person ist, die eigene Situation zu verändern. In manchen Beziehungskonstellationen wird Hilfe von außen abgelehnt, da befürchtet wird, der Rache ausgeliefert zu sein. Deshalb ist es notwendig, zu klären, welche Veränderungen real möglich sind. Auf diese Klärung stützen sich dann Interventionen, die manchmal auch zu einer Strafanzeige führen können.

Leider gibt es in Deutschland kaum Krisen- und Notrufberatungsstellen für Gewaltopfer im höheren Lebensalter. Beispiel hierfür ist »Handeln statt Misshandeln – Bonner Initiative gegen Gewalt im Alter e. V.«, die 1997 mit dem Ziel gegründet wurde (Hirsch u. a. 2002), alte Menschen und ihre Angehörigen zu beraten, zu unterstützen und Hilfen zu vermitteln.

Beispiel einer Intervention im familiären Bereich

Frau S., 79 Jahre alt, ruft aus A. bei unserer Krisenberatungsstelle an und berichtet über massive Konflikte mit ihrem Sohn. Sie ist verzweifelt. Nur zögernd berichtet sie über ihr »tägliches Martyrium«. Ihr Sohn hat sich seit seiner Scheidung sehr verändert. Er trinkt exzessiv Alkohol, verlor dadurch seine Arbeit und seine Wohnung und zog zu seiner Mutter. Schon bald nach dem Einzug kam es zu ersten Auseinandersetzungen, die immer intensiver wurden. Täglich bedroht er seine Mutter und zwingt sie, ihm Geld für seinen Alkoholkonsum zu geben. Zudem wirft er ihr vor, für das Scheitern seines Lebens verantwortlich zu sein. Erfüllt Frau S. seine Wünsche nicht, kommt es zu massiven Drohungen und tätlichen Angriffen. Frau S. – mittlerweile völlig verängstigt – gibt immer wieder nach. Aus Scham und Verzweiflung zieht sie sich zunehmend zurück und spricht mit niemandem über die Vorfälle. Erst als sie eine Fernsehsendung zum Thema »Gewalt gegen ältere Menschen« sieht, in der die Telefonnummer unserer Beratungsstelle eingeblendet war, sucht sie Hilfe.

Es bedarf mehrerer Beratungsgespräche bis Frau S. über die körperlichen und psychischen Misshandlungen spricht. Alle Versuche, den Sohn in die Gespräche einzubinden, scheitern. Frau S. kann sich aber auch nicht durchringen, ihren Sohn aus der Wohnung zu werfen oder ihm kein Geld mehr zu geben. Nachdem sie sich allmählich etwas von ihrem Sohn distanzieren kann, ist es ihr möglich, in eine Betreute Wohnung zu ziehen. Durch eine zusätzlich vermittelte psychotherapeutische Behandlung beginnt sie, die schrecklichen Erlebnisse mit ihrem Sohn zu verarbeiten.

Gewalthandlungen in der Familie sind Ausdruck einer – meist schon länger bestehenden – destruktiven Kommunikation, die von Angst, Hilflosigkeit und Abhängigkeit geprägt ist. Gewalt ist nicht nur für das »Opfer« eine Schädigung, sondern auch für den »Täter« und darüber hinaus für die soziale Umwelt, in der Gewalt geschieht. Die Rolle des »Opfers« und des »Täters« können in einer Beziehung wechseln. Mancher »Täter« fühlt sich auch als »Opfer«. Viele Misshandlungen haben schon frühzeitig Vorboten. Es ist notwendig, diese ebenso festzustellen wie die Faktoren, die sie aufrechterhalten oder verstärken.

Hinzu kommt, dass die Familienmitglieder häufig schwierige Familiengeschichten und konflikthafte Beziehungen haben sowie mangelhafte Fähigkeiten zur Kommunikation zeigen. Viele Signale werden über längere Zeit nicht wahrgenommen. Es kommt dann zur akuten Krise, zum »Notfall«. Ohne Hilfe von außen sind Veränderungen kaum möglich. Misshandlungen werden alltäglich und treten dann in unterschiedlichster Form weiter auf. Die Belastungen werden immer höher bis das Opfer gewalttätig reagiert, krank wird oder die Wohnung (z. B. durch Klinikaufnahme oder durch Heimübersiedlung) verlassen muss.

All diese Aspekte sollen durch das Assessment zusammengeführt werden, um bestehende Gewalthandlungsstrukturen offen zu legen, Hilfen vor Ort zu erkunden und Interventionsstrategien festzulegen. Es wäre dann günstig, wenn sich alle Beteiligten (Familienmitglieder und Professionelle) zusammen setzen. Hierzu ist es erforderlich, das Vertrauen aller Beteiligten zu gewinnen und Schuldzuschreibungen zu vermeiden. Ein zu offensives Vorgehen bewirkt, dass mögliche Interventionen nicht zustande kommen.

Für viele Familienangehörige ist es eine erste große Entlastung, wenn sie über ihre Nöte, Sorgen oder realen Existenzängste in einer beschützten Atmosphäre sprechen können. Haben sie Vertrauen gewonnen, besteht die

Möglichkeit, Veränderungen anzustreben. Die Interventionen richten sich nach Art, Intensität, Dauer und Bewertung der Gewalthandlung sowie nach den individuellen Möglichkeiten der beteiligten Personen im Rahmen ihrer kulturellen Normen (Hirsch & Vollhardt 2002).

Ausblick

Gewalt gegen alte Menschen ist ein gesellschaftliches Problem, welches nur durch Einsatz aller Beteiligten verringert werden kann. Die vielfältigen Bilder der Gewalt verdeutlichen, wie komplex eine Gewaltsituation ist. In der Familie ist es kaum möglich, immer zwischen »Täter« und »Opfer« zu unterscheiden. Vielmehr handelt es sich um gewalttätige »pathobiotische« (krankhafte) Beziehungsstrukturen. Diese gründen häufig auf Persönlichkeitsfaktoren, innerem und äußerem Stress, sozialer Isolation und unzureichender Unterstützung. Daher ist »Hilfe vor Strafe« Grundlage aller Interventionen. Entscheidend ist, dass keine Gewalthandlung (auch nicht die von alten Menschen gegenüber Jüngeren) bagatellisiert oder entschuldigt wird.

Die Forschung steht hier noch am Anfang. Zudem gibt es immer noch viel zu wenig Möglichkeiten für Betroffene, Hilfe z. B. durch Notruftelefone oder durch Krisenberatungsstellen zu erhalten. Es ist zu hoffen, dass die Initiative des Deutschen Forums für Kriminalprävention (DFK 2004) solche Einrichtungen in den Kommunen fördern kann.

Literatur

Brucker U (2001) Zur Qualität in Pflegeinrichtungen. Von »gut bis sehr gut« kann keine Rede sein. Medizinischer Dienst der Spitzenverbände der Krankenkassen e. V. Manuskript, Essen.

Comijs H, Pot AM, Smit HH, Bouter LM, Jonker C (1998) Elder abuse in the community: Prevalence and consequences. Journal of the American Geriatrics Society 46:885–888.

Cooney C, Mortimer A (1995) Elder Abuse And Dementia – A Pilot Study. International Journal of Social Psychiatry 41:276–283.

Coyne A C, Reichman WE, Berbig L J (1993) The Relationship Between Dementia and Elder Abuse. American Journal of Psychiatry 150:643–646.

Deutsches Forum für Kriminalprävention (2004) Prävention von Gewalt gegen alte Menschen – private Inititiativen. Workshop Reader, Bonn.

Foner N (1994) Nursing Home Aides: Saints or Monsters? The Gerontologist 34:245–250.

Galtung J (1975) Strukturelle Gewalt. Reinbek (Rowohlt).

Galtung J (1993) Kulturelle Gewalt. In: Landeszentrale für politische Bildung BW (Hg) Aggression und Gewalt. Stuttgart (Kohlhammer), S. 52–73.

Glendenning F (1999) Elder Abuse and Neglect in Residential Settings: The Need for Inclusiveness in Elder Abuse Research. Journal of Elder Abuse and Neglect 10:1–11.

Goodridge D M, Johnston P, Thompson M (1996) Conflict and Aggression as Stressors in the Work Environment of Nursing Assistants: Implications for Institutional Elder Abuse. Journal of Elder Abuse and Neglect 8:49–67.

Görgen Th, Kreuzer A, Nägele B, Krause S (2002) Gewalt gegen Ältere im persönlichen Nahraum. Stuttgart (Kohlhammer).

Hirsch RD (2000) Definition und Abgrenzung von Gewalt und Aggression. In Hirsch RD, Bruder J, Radebold H (Hg) Aggression im Alter. Bonner Schriftenreihe »Gewalt im Alter«, Band 7. Bonn (HsM-Bonner Initiative gegen Gewalt im Alter), S. 15–43.

Hirsch RD, Brendebach C (1999) Gewalt gegen alte Menschen in der Familie: Untersuchungsergebnisse der »Bonner HsM-Studie«. Z Gerontologie u. Geriatrie 32:449–455.

Hirsch RD, Erkens F, Flötgen P, Krießner K, Halfen M, Vollhardt B (2002) Handeln statt Misshandeln: Rückblick – Entwicklung – Aktivitäten 1997–2002. Bonn (HsM-Bonner Initiative gegen Gewalt im Alter e. V.).

Hirsch RD, Kranich M (1999) Gewalt gegen ältere Menschen im öffentlichen Raum – Ergebnisse der Bonner HsM-Studie. Z Gerontologie u. Geriatrie 12: 169–179.

Hirsch RD, Kranzhoff EU (1996) Bewegungseinschränkende Maßnahmen in der Gerontopsychiatrie, Teil I., II. Krankenhauspsychiatrie 3:99–104, 155–161.

Hirsch RD, Vollhardt BR (2002) Elder maltreatment. In: Jacoby R, Oppenheimer C (ed) Psychiatry in the elderly. 3. ed. New York (Oxford press), S. 896–918.

Hollwig T (1994) Freiheitsbeschränkung und Freiheitsentziehung in Altenpflegeheimen. Unveröff. Diplomarbeit, Universität Marburg.

Homer AC, Gilleard C (1990) Abuse of elderly people by their carers. British Medical Journal 301:1359–1362.

Jogerst GJ, Dawson JD, Hartz AJ, Ely JW, Schweitzer LA (2000) Community Characteristics Associated with Elder Abuse. Journal American Geriatrics Society 48:513–518.

Johnson T (1991) Elder Mistreatment: deciding who is at risk. Westport CT (Greenwood).

Jones JS, Veenstra TR, Seamon JP, Krohmer J (1997) Elder Mistreatment: National Survey of Emergency Physicians. Annals Emergency Medicine 30:473–479.

Kleinschmidt KC (1997) Elder Abuse: a review. Annals Emergency Medicine 30:463–472.

Klie Th, Pfundstein Th (2002) Freiheitsentziehende Maßnahmen in Münchner Pflegeheimen. Studie im Auftrag des Münchner Stadtrates, München.

Lachs MS, Williams C, O'Brien MS, Hurst L, Horwitz R (1997) Risk Factors for Reported Elder Abuse and neglect: A Nine-Year Observational Cohort Study. Gerontologist 37:469–474.

Lösel F, Selg H, Schneider U, Müller-Luckmann E Winter M (1990): Ursachen, Prävention und Kontrolle von Gewalt aus psychologischer Sicht. In: Schwindt HD, Baumann J u. a. (Hg) Ursachen, Prävention und Kontrolle von Gewalt, Band II. Berlin (Duncker & Humblot) 1–156.
Meyer M (1998) Gewalt gegen alte Menschen in Pflegeeinrichtungen. Huber (Bern).
National Council On Elder Abuse in collaboration with Westat Inc. (1998) The National Elder Abuse Incidence Study; Final Report September. Administration on Aging. Web site www.aoa.gov /abuse /report /Cexecsum.html
National Council On Elder Abuse. The Basics. NCEA Web site www.gwjapan.com/ NCEA /basic /index.html (visited August 26, 2000).
Pillemer K, Moore DW (1989) Abuse of patients in Nursing Homes: Findings from a Survey of Staff. Gerontologist 29:314–320.
Rauchfleisch U (1996) Allgegenwart von Gewalt. In: Egner H (Hg) Macht – Ohnmacht – Vollmacht. Walter (Zürich), S. 121–144.
Reis M, Nahmiash D (1998) Validation of the Indicators of Abuse (IOA) Screen. Gerontologist 38:471–480.
Schneider HJ (1994) Kriminologie der Gewalt. Hirzel (Stuttgart).
Wetzels P, Greve W, Mecklenburg E, Bilsky W, Pfeiffer C (1995) Kriminalität im Leben alter Menschen. Stuttgart (Kohlhammer).
Whittaker T (1987) Elderly Victims. U. S. Department of Justice (Rockville/Md).

Korrespondenzadresse

Dr. Dr. Rolf Dieter Hirsch
Abteilung für Gerontopsychiatrie
und Gerontopsychiatrisches Zentrum
Rheinische Kliniken Bonn
Kaiser-Karl-Ring 20
53111 Bonn
E-mail: r.hirsch@lvr.de

Die gerontopsychiatrische Tagesklinik am Evangelischen Krankenhaus Elisabethenstift in Darmstadt

Brigitte Liermann

Die gerontopsychiatrische Tagesklinik (GTK) gibt es als teilstationäre Einrichtung innerhalb der Klinik für Psychiatrie und Psychotherapie am Evangelischen Krankenhaus Elisabethenstift seit 1982 mit 12 bis 14 Plätzen. Mit ihrem teilstationären Behandlungsprogramm ist sie Bindeglied zwischen ambulanter und stationärer Therapie und hat ein Therapieangebot von Montag bis Freitag von 8.00 – 16.00 Uhr. Nachts und an den Wochenenden sind die Patienten in ihrer gewohnten häuslichen Umgebung und sind für ihre Selbstversorgung verantwortlich

Zur Behandlung kommen Menschen zwischen Ende 50 und 85 Jahren, die vor allem an Depressionen verschiedenster Ursachen, Psychosen, hirnorganischen Veränderungen und an Hirnleistungsschwäche, somatoformen und psychosomatischen Störungen sowie altersspezifischen Konflikten leiden. Ziel und Aufgabe tagesklinischer Behandlung ist es, ein Behandlungsangebot zur Verfügung zu stellen, das eine vollstationäre Behandlung vermeidet oder verkürzt und seelisch erkrankten Menschen dazu verhilft, ein selbstorganisiertes Leben weiterzuführen.

Die Einweisung zur tagesklinischen Behandlung erfolgt durch den Haus- oder Nervenarzt. Oft gilt es auch, nach einem längeren stationären Aufenthalt den Übergang in das Alltagsleben vorzubereiten und zu unterstützen. Sollen Patienten von einer psychiatrischen, geriatrischen oder internistischen Station übernommen werden, sind sogenannte »Probetage« obligatorisch. Nicht aufgenommen werden Menschen mit akuter Suizidalität, mit ausgeprägtem Demenzsyndrom, bei starker Verwirrtheit und Weglauftendenzen, mit akuter psychotischer Dekompensation sowie einer im Vordergrund stehenden Suchtproblematik.

Liegt eine Einweisung von einem niedergelassenen Arzt vor, erfolgt zunächst ein Erstgespräch mit der Abteilungsärztin. Zu diesem kommen die alten Menschen meist in Begleitung eines Angehörigen. Im psychiatrisch/psychotherapeutischen Erstkontakt wird neben der Diagnose auch die Behandlung und das etwaige Behandlungsziel, gegebenenfalls auch die Behandlungsdauer besprochen.

Die Dauer der Behandlung ist abhängig von Art und Schwere der Erkrankung und von den gesundheitspolitischen Rahmenbedingungen. Lag die durchschnittliche Verweildauer in der Tagesklinik vor einigen Jahren noch bei 60 Tagen, so ist jetzt auf etwa 35 Tage abgesenkt worden.

Häufig müssen im Alter neben psychischen auch körperliche Erkrankungen mitbehandelt werden. Dies geschieht in der GTK durch eine enge konsiliarische Zusammenarbeit innerhalb des Krankenhauses mit den Abteilungen der Innere Medizin, Chirurgie und Geriatrie.

Medizinische Diagnostik und Behandlung	Training alltagspraktischer Fähigkeiten und sozialer Kompetenzen	Therapie mit kreativen Mitteln
(psychiatrische- neurologische- internistische)	Kochen und Backen Inklusive Planung und Einkauf Einkaufstraining	Kunsttherapie Gestaltungstherapie Kreatives Werken Tongruppe
Visite (einzeln) Gruppenvisite	Wahrnehmungstraining Entspannungstraining	Musikgruppe Singen Musizieren
Einzel- und Gruppenpsychotherapie	Gymnastik	Musik zuhören Rhythmusinstrumente
Angehörigengespräche	Außenaktivitäten Informationsveranstaltungen Ausstellungen Spaziergänge	Tanztherapie Meditative Tänze Sitztänze
Pflegerische Maßnahmen	Sozialarbeiterische Angebote Beratungsgespräche Hausbesuche Nachsorge	Lese- und Gesprächsgruppe Jahresthemen Lebensthemen u. Geschichten Märchen und Gedichte

Tabelle 1: Therapieangebote

Das aktuelle Therapiekonzept der GTK, das von einem multiprofessionellen Team umgesetzt wird (Oberarzt in Teilzeit, Abteilungsärztin (0,5), Sozialarbeiterin (0,5), Kunst- und Gestaltungstherapeutin (0,38), drei Krankenschwestern mit Zusatzqualifikationen und bei Bedarf ein Bewegungstherapeut und eine Psychologin im Praktikum (0,5)) gliedert sich in folgende drei Schwerpunktbereiche:

Medizinische Diagnostik und Behandlung

Wesentlich ist die psychiatrische, aber auch die neurologische und internistische Diagnostik. Bei den ärztlichen Visiten wird die medikamentöse Therapie abgeklärt. Die pflegerischen Maßnahmen nehmen durch das Problem Co-Morbitität alter Menschen einen hohen Stellenwert ein. Im Mittelpunkt der tagesklinischen Arbeit stehen die Konzepte der Wiedererlangung, Förderung und Erhaltung psychosozialer und alltagspraktischer Kompetenzen mit dem Ziel, die Integration der Patienten in ihrem gewohntes Lebensumfeld zu erhalten. Unter »aktivierender Pflege« ist ein Umgehen mit den Patienten zu verstehen, das auf verschüttete Ressourcen zurückgreift, Defizite und Leistungseinbußen berücksichtigt und neue Verhaltensstrategien erarbeitet und einübt.

Die Behandlung in der Tagesklinik ist für ein rehabilitativ aktivierendes Vorgehen besonders geeignet, weil hier den Regressionsmöglichkeiten im Vergleich zum vollstationären Setting Grenzen gesetzt sind.

Der Psychotherapie, insbesondere der Gruppenpsychotherapie, wird in der GTK eine große Bedeutung eingeräumt. Einzeltherapien werden bei depressiven Patienten in Form von kognitiver Verhaltenstherapie, bei Angst- und Zwangspatienten in Form von Expositionstherapie durchgeführt. Familien- und Paargespräche spielen zusätzlich eine wichtige Rolle.

Training alltagspraktischer Fähigkeiten und sozialer Kompetenzen

Kochen und Backen

Einmal in der Woche findet zum Training eine Koch- und Backgruppe statt. Zunächst wird das Gericht bestimmt und ein Einkaufsplan erstellt. Körperlich aktive Patienten der Kochgruppe gehen dann einkaufen. Für Patienten mit Angststörungen wird ein gestuftes Angstbewältigungstraining durchgeführt. Bei diesen Außenaktivitäten wird versucht, den Erwerb von sozialen Kompetenzen beispielsweise durch die Nutzung von öffentlichen Verkehrmitteln zu fördern. Bei Bedarf erfolgt dies im Einzeltraining und führt dazu, dass Angstpatienten wieder die Fähigkeit erlangen, das Haus zu verlassen, einzukaufen und einen Bus oder die Straßenbahn zu benutzen.

Gedächtnis- und Wahrnehmungstraining

Dies wird vorwiegend im spielerischem Setting angeboten und führt zur Erhöhung der Aufmerksamkeit. Verloren gegangene Fähigkeiten sollen wiederentdeckt und eingeübt werden. Das Entspannungstraining stärkt die Eigenwahrnehmung, löst Verkrampfungen und hilft ebenso wie allgemeine Gymnastik einen Rhythmus von Spannung und Entspannung zu verwirklichen. In Bewegung kommen ist bei depressiven Störungen ein wichtiger Schritt einer effektiven Behandlung.

Sozialarbeiterische Angebote

Menschen mit schweren Depressionen oder einer beginnenden demenziellen Entwicklung sind häufig nicht mehr in der Lage ihren Alltag zu überblicken oder ihre finanziellen Angelegenheiten zu regeln. Die Sozialarbeiterin führt Beratungsgespräche durch und erarbeitet konkrete Hilfsangebote mit den Patienten. Sie unterhält vielseitige Außenkontakte zu Altersheimen, Tagesstätten, Beschäftigungsprojekten und zum Betreuten Wohnen. Ist nach der Tagesklinik eine weitere Betreuung notwendig, begleitet sie die Patienten zu den Vorstellungsgesprächen.

Therapie mit kreativen Mitteln

Kunst – und Gestaltungstherapie

In der Kunst- und Gestaltungstherapie werden Themen, Material und Aktivität so eingesetzt, dass auch schwer depressive und kognitiv beeinträchtigte alte Menschen in ein schöpferisches Handeln kommen können. Kunsttherapie löst Blockaden und lässt Ressourcen unmittelbar in den entstandenen Bildern oder Skulpturen sichtbar werden. Wiedergefundene Fähigkeiten können dann ins Alltagsleben übertragen werden.

Musikgruppe

Musik ist im Körpergedächtnis der älteren Menschen besonders gut verankert, berührt und bewegt sie emotional. Dies geschieht beim Singen, beim Hören von Musik und beim eigenen Musizieren mit einfachen Instrumenten.

Tanztherapie

Beim Tanzen tritt der Mensch in den Raum, er bewegt sich und lässt sich bewegen. Verloren gegangenes Körpergefühl kann dabei neu erfahren werden. Multimorbide Menschen können diese Erfahrung auch bei Sitztänzen machen.

Lese- und Gesprächsgruppe

Die wöchentlich stattfindende Lese- und Gesprächsgruppe bietet die Möglichkeit, sich mit aktuellen Themen auseinanderzusetzen.

Fazit

An der Schnittstelle zwischen ambulanter und stationärer Versorgung hat sich die tagesklinische Behandlung älterer Menschen mit psychischen Störungen als effektiv gezeigt. Die Gerontopsychiatrische Tagesklinik am Elisabethenstift ist mit ihrer nunmehr zwanzigjährigen erfolgreichen Arbeit anerkannt und ist unverzichtbarer Bestandteil der psychiatrischen Gesamtversorgung im Großraum Darmstadt.

2003 · 279 Seiten · Broschur
EUR (D) 29,90 · SFr 52,20
ISBN 3-89806-228-7

Die Psychotraumatologie hat sich in den letzten Jahren zu einem relativ eigenständigen Forschungs- und Versorgungsbereich entwickelt. Sie integriert Befunde aus sehr unterschiedlichen Disziplinen, von der Neurobiologie über die Psychosomatik und Psychotherapie bis hin zu den Sozialwissenschaften.

Die Autorinnen und Autoren – international anerkannte Experten – versuchen eine Bestandsaufnahme im Sinne eines »State of the Art« im Bezug auf neurobiologische Theorien, der Konzeptualisierung von Krankheitsbildern und hinsichtlich der unterschiedlichen therapeutischen Ansätze in diesem Feld. So werden die aktuellen neurobiologischen Erkenntnisse, die zum Verständnis von Traumafolgestörungen notwendig sind, ausführlich dargestellt. Zudem werden die wichtigsten psychotraumatischen Traumafolgestörungen aufgezeigt. Das Buch schließt mit einer Darstellung der momentan wirksamsten Traumatherapieverfahren.

PV
Psychosozial-Verlag

Zum Titelbild

Kunsttherapie in einer gerontopsychiatrischen Tagesklinik

Brigitte Liermann

In der Kunsttherapie mit alten Menschen werden gestalterische Mittel in vielfacher Weise therapeutisch genutzt, um Unsichtbares sichtbar werden zu lassen und um das Ich zu stützen und zu entwickeln. Kreatives Handeln dient der Bewältigung einer aktuellen Krisensituation und kann dazu beitragen, die Bedrohung und Deformierung des Selbst durch den Krankheitsprozess, durch interpersonelle Konflikte oder durch widrige Lebensumstände wieder auszudrücken.

Frau A., eine 63-jährige Patientin mit der Diagnose Depression und Angst, macht ganz im Widerspruch zur Diagnose der überweisenden Abteilungsärztin beim ersten kunsttherapeutischen Gruppentreffen einen überaus forschen und freimütigen Eindruck. Zur stationären Aufnahme war es gekommen, weil die Patientin seit Monaten unter Zuständen von Herzrasen, aufsteigender Übelkeit mit Angstgefühlen und Schwitzen litt. Sie hatte sich immer mehr zurückgezogen und sich schließlich nicht mehr aus dem Haus getraut. Sie hatte praktisch alle Alltagsaktivitäten aufgegeben und saß nur noch auf dem Sofa.

Frau A. lebt allein und ist seit 20 Jahren verwitwet. Sie berichtete beim Erstkontakt von ihren 6 Kindern, die sie praktisch allein großgezogen habe. Später wurden auch Enkel von ihr mitversorgt. Sie habe in einem Handarbeitsspezialbetrieb gearbeitet, sei dann aufgrund einer Erkrankung (Morbus Basedow) berentet worden. Danach sei sie auf 630-Mark-Basis noch weiter in dem Betrieb tätig gewesen. Vor 2 Jahren habe dieser Betrieb geschlossen und sie sei seither ohne Arbeit. Dadurch habe sie jetzt finanzielle Probleme und die Arbeit fehle ihr sehr.

Von der Kunsttherapie erhoffte Frau A. sich Ablenkung von den Angstzuständen und eine Stärkung ihres Selbstvertrauens. Sie hatte vor ihrer Erkrankung häufig mit ihren Enkeln gemalt und sich dabei gut gefühlt.

Bezogen auf den Krankheitszustand mit Antriebshemmung und Angstzuständen, galt es in der Kunsttherapie einen angstfreien Raum herzustellen. Dies konnte durch ein spielerisches Setting erreicht werden.

Der Patientin wurden verschiedene Malmittel bereit gestellt, die sie nun ausprobieren sollte. Mit dem Bild sollte sie selbst zufrieden sein. Frau A. wollte zunächst ungegenständlich malen und in einer der ersten Sitzungen entstand das Bild, das auf dem Umschlag dieses PiA-Heftes reproduziert ist. Im Malprozess gelang es der Patientin zunehmend locker und entspannt zu werden.

Die anschließende Bildbetrachtung zeigte ein im Farbauftrag kräftig wirkendes Bild mit einer Vielzahl von unterschiedlichen Formen. Dies kann auf ein inneres Zerrissensein und ein unbewusstes Konfliktpotential hindeuten. Gleichzeitig sind die unterschiedlichen Formkomplexe gut organisiert und angeordnet, was dem innerpsychischen Versuch des Sortierens entspricht. Eine solche Deutung wurde nicht geäußert. Die Therapeutin versuchte vielmehr die Malerin zu einer eigenen Deutung zu führen. Frau A. war mit ihrem Werk sehr zufrieden und meinte, das Bild entspreche genau ihrem Seelenzustand.

Korrespondenzadresse

Brigitte Liermann
Gerontopsychiatrische Tagesklinik
Ev. Krankenhaus Elisabethenstift
Landgraf-Georg-Straße 100
64287 Darmstadt
Tel.: 06151 / 403-4300

Hermann Schulz, Hartmut Radebold, Jürgen Reulecke (2004): Söhne ohne Väter. Erfahrungen der Kriegsgeneration. Berlin (Ch. Links Verlag), 176 Seiten, 14,90 Euro

Gertraud Schlesinger-Kipp

Im einleitenden Kapitel des Buches wird ein Sohn zitiert, dessen Vater im aktiven Dienst im KZ tätig war und der »Mitte der 50er Jahre unbeirrt und unbelehrt« (S. 7) aus dem Gefängnis zurückkehrte. Dieser Sohn fragt sich, ob es angesichts der Geschehnisse in Auschwitz und anderswo für ihn selbst noch ein Recht zum Überleben gäbe. Um solche Grundüberlegungen, die die 68er Generation zur Revolte gegen ihre Eltern bewegte, ist es – auch in diesem Buch – merkwürdig still geworden. »An die Stelle der Anklage ist die Klage getreten« formuliert Klaus Naumann (Frankfurter Rundschau vom 14. 4. 04) treffend den neuen Selbstbezug der Kriegskindergeneration. In diesem Buch tauchen noch vereinzelt »Drohbilder« von Nazi-Vätern schemenhaft auf, aber »darum geht es nicht« (S. 10), sondern darum, »dass das Leben mit Vater anders gewesen wäre«, besser? Es ist keine Anklage möglich, wo kein Vater vorhanden ist, den man hätte anklagen können. Die geschilderten Söhne haben nicht das Gefühl, sie müssten sich mit den Vätern auseinandersetzen, weil »ihre Väter, ob während des Krieges schuldig geworden oder nicht, für diese Verirrungen ihres Volkes und für den Krieg mit dem Leben bezahlt« hätten (S. 64).

Die Söhne beschreiben eher die Last von Idealbildern der »Tapferkeit«, die sich zu ungunsten der eigenen Selbstfindung ausgewirkt hätten. Diese soldatischen Vaterbilder haben sie unauffällig und leistungsstark werden lassen. In den beeindruckenden Selbstschilderungen ist viel die Rede von Pflicht: »Mein Pflichtbewusstsein ist grauenhaft« (S. 86) und »Pflichterfüllung war ein wichtiges Motiv in meinem Leben« (S. 90). In ihren persönlichen Beziehungen dagegen scheinen sie zu scheitern oder fühlen sich so, als wären sie irgendwie nicht vorhanden. »Die Aussage von der inneren Abwesenheit dieser Väter und Ehemänner überwiegt in erschreckendem Maße« (S. 12) und kennzeichnet die Erfahrungen von Partnerinnen und Kinder.

Die drei Autoren, die als Schriftsteller, Psychoanalytiker und Historiker eine gelungene Kreativität entfalten, tragen Antworten auf Fragen an eine große Zahl von vaterlos aufgewachsenen Söhne zusammen. Sie haben sich untereinander und auch ihre Gesprächspartner auf Tagungen zur

»Männerarbeit« kennengelernt und dabei festgestellt, dass sie erst jetzt in der Lage sind, über ihre Schicksale und ihre Gefühle zu sprechen oder zu schreiben. Sie sehen sich exemplarisch für die 2,5 Millionen (Halb-)Waisen des Zweiten Weltkriegs, wobei, wie schon der Titel sagt, es ausschließlich um Söhne geht, was aber in dieser Eindeutigkeit dem Buch gut tut.

Zunächst verwirrt die Aneinanderreihung der kurzen Antworten zu Fragen wie: »Zu welchem Zeitpunkt haben sie sich zum ersten Mal bewusst mit ihrem Vater befasst – und mit welchem Gefühl?« Oder: »Was können Sie über Ihre Beziehung zu Frauen berichten? Solche Männer erobern nicht, sondern werden erobert – können Sie das bestätigen?« (S. 21). In der psychoanalytischen Gesprächssituation werden wir von den Einfällen der Betroffenen durch die individuellen Lebensgeschichten geleitet. Auf die umschriebenen Fragen kommen schriftliche Antworten, ohne dass die Lebensgeschichte insgesamt deutlich wird. Dies ist für den Leser gewöhnungsbedürftig, ermöglicht ihm jedoch allmählich ein erstaunliches Verständnis für typische Gemeinsamkeiten, aber auch die unterschiedlichen Erlebnisweisen dieser vaterlosen Söhne. Während von vielen Söhnen der Vater bewusst vermisst wurde, gibt es auch Selbstschilderungen wie: »Ich wusste ja nichts von ihm ... (dem Vater) ... Recht besehen hatte ich ja nicht einmal eine Mutter ... es gab immer jemanden, der sich um uns gekümmert hat. Ich hatte eine gute elternlose Kindheit« (S. 92). Erst die eigene Vaterschaft hatte diesen Sohn auf die Suche nach seinem – real noch lebenden – Vater gebracht.

Es kommen auch die Partnerinnen und Kinder dieser vaterlosen Söhne zu Wort. Berührend ist beispielsweise die Anklage einer Tochter: »Seine Kindheit war immer unendlich viel schlimmer und grausamer als meine Jugend. Aber man kann inneres Leid nicht vergleichen. Und genau das hat mein Vater getan. Er ist nicht in der Lage, sich in Bezug auf mich als ›Täter‹ zu sehen, da er sich selbst immer nur als Opfer sieht (was auch stimmt)« (S. 114). In diesem »was auch stimmt« liegt m.E. die Bereitschaft, aus diesem transgenerational weitergeführten Klage-Anklage-Zyklus herauszukommen.

Die teils nicht immer verständlichen Selbstdeutungen der eigenen Lebensgeschichte sind trotzdem nachfühlbar, da sie als Selbstinterpretation der Sinngebungen dienen, insbesondere auch da, wo es um das »Leben mit den Müttern« geht. Bis auf wenige (»Männer sind für mich fremde Wesen, Frauen gute Gesellschaft«) (S. 56) fühlen sich die meisten Söhne in einer starken Mutterbindung heillos verfangen. Sie waren die »Männer«, die die Mutter beschützen sollten und die oft als überbehütete Lieblinge aufwuchsen.

Heftige Konflikte in der Adoleszenz werden geschildert, bei denen es um die männliche Macht gegenüber der Mutter bei gleichzeitiger inzestuöser Nähe ging. Je intensiver man diese Konflikte in den Berichten nachvollziehen kann, desto mehr fällt auf, wie im theoretischen Teil des Buches (»Entwicklungspsychologische Aspekte«) diese heftigen ödipalen Konflikte etwas entschärft werden. Dies macht das Buch aber wiederum sympathisch, da der Leser gerade in den offen beschriebenen Konflikte mit den Müttern und den Frauen die Auswirkungen der lebenslangen Bindung an die Mutter nachempfinden kann.

Die geschichtliche Einordnung der »vaterlosen Söhne in eine vaterlose Gesellschaft« rundet das Buch ab. Vor allem in der Beschreibung der Kulturgeschichte der »militärisch – soldatischen Tugenden von Härte, männlicher Kraft und Ehre sowie männlichem Stolz« (S. 146) wird die verheerende Wirkung des Krieges und die Nichtbeachtung der Leiden dieser Kinder nach dem 2. Weltkrieg deutlich. Wichtig ist vielleicht, dass die Autoren die Positionen des Protestes der 68er Generation nicht mittragen; sie haben ja auch nicht gegen einen anwesenden Vater kämpfen müssen. Deshalb werden wohl »die krassen Vaterbilder der Studentenbewegung« (S. 149) abgelehnt. Offensichtlich bestand für die vaterlos Aufgewachsenen die Notwendigkeit zum Protest nicht in gleicher Weise, wie für die anderen Kriegskinder, die die 68er Bewegung getragen haben.

Insgesamt ist dies ein sehr persönliches, widersprüchliches und spannend zu lesendes Buch, das mich durch die autobiographischen Schilderungen sehr berührt hat. Für vaterlos aufgewachsene Menschen bietet dieses Buch viele Anregungen, über sich selbst und die eigene Familie nachzudenken. Aber auch alle, die versuchen, sich mit den Brüchen und Verwerfungen der Nazizeit auseinander zusetzen und dem, was Krieg und Holocaust im Innersten unserer Gesellschaft hinterlassen hat, finden in diesem Buch einen bisher noch nicht beschriebenen Zugang.

2004 · 324 Seiten · Broschur
EUR (D) 22,00 · SFr 38,60
ISBN 3-89806-935-4

Tuvia Bielski war ein mutiger und charismatischer Mann, und er kämpfte als Partisan im Zweiten Weltkrieg. Unter Einsatz seines Lebens hat er unzählige Juden gerettet und bis zum Eintreffen der Roten Armee in den unzugänglichen Wäldern Weißrussland versteckt. Seine Devise lautet: »Es ist besser, einen Juden zu retten, als tausend Deutsche zu töten.« So kam es, dass sich in der Zeit von 1942 bis 1945 bis zu 1200 Personen – Männer, Frauen, Kinder – um den Partisanenführer scharten und auf sein Kommando hörten.

Bewaffneter Widerstand handelt von Tuvia Bielski und der größten Partisanen-Einheit zur Rettung von Juden durch Juden im Zweiten Weltkrieg. Nechama Tec interviewte zahlreiche Überlebende der Bielski-Partisanen und korrigiert das einseitige Bild von Juden als Opfer, die ohne Widerstand zu leisten in den Tod gingen.

Ausgezeichnet mit dem »Anne-Frank-Anerkennungspreis«.

PV
Psychosozial-Verlag

Tagungshinweise

4. Münsterlinger Symposium zu Alterspsychotherapie:
Altersbilder – Bilder vom Alter
9.–11. September 2004
Tagungsort: Psychiatrische Klinik, CH 8596 Münsterlingen

Information:
E-mail: rosalie.iseli@stgag.ch
Home: www. Alter-nativen.ch

16. Symposium »Psychoanalyse und Altern« in Kassel
Liebe, Lust und andere Leidenschaften im Alter – vergänglich, wandelbar, zeitlos?
3.–4. Dezember 2004
Tagungsort: Gießhaus der Universität Kassel

Information:
Dr. Meinolf Peters, Tel. 06451 / 23368
E-mail: meinolf-peters@t-online.de
Dipl. Psych. Christiane Schrader,
Tel. 06103 / 981104
E-mail: christiane.s.schrader@gmx.de

Organisatorische Fragen:
Barbara Arlt
Steinkulle 6
34260 Kaufungen
Tel.: 05605 / 2715

Autorinnen und Autoren

Martina Böhmer, geb. 1959 in Meißen, Altenpflegerin für Geriatrische Rehabilitation und Referentin und Beraterin in der Altenhilfe, Qualitätsmanagerin im Gesundheitswesen und Studentin der Pflegepädagogik. Spezielle Fachgebiete: Frauenspezifische Altenarbeit, Frühere Traumatisierungen alter Frauen und Männer, Entlastende Pflegetechniken und Pflegeorganisation, Angehörigenberatung. Veröffentlichungen: Erfahrungen sexualisierter Gewalt in der Lebensgeschichte alter Frauen, Mabuse Verlag, Frankfurt (2000) und diverse Zeitschriftenartikel in Pflegemagazinen.

Markus Burgmer, geb. 1968, Dr. med., Facharzt für Psychiatrie, Psychotherapie, Fachkunde analytische Gruppentherapie, Facharzt für Psychotherapeutische Medizin. Nach Abschluss des Studiums der Medizin an der Universität Köln Weiterbildung in der Psychiatrie und in der psychotherapeutischen Medizin an den Universitätskliniken Lübeck, Bonn, Essen und Münster. Anerkannter Trainer des Arbeitskreises »Operationalisierte Psychodynamische Diagnostik (OPD)«.

Gereon Heuft, geb.1954 in Burgbrohl, Kreis Mayen, Univ.-Prof. Dr. med., Facharzt für Neurologie und Psychiatrie, Facharzt für Psychotherapeutische Medizin, Psychoanalyse, Klinische Geriatrie. Lehr- und Kontrollanalytiker (DGPT), Lehrstuhlinhaber für Psychosomatische Medizin und Psychotherapie an der Westfälischen Wilhelms-Universität Münster, Direktor der Klinik und Poliklinik für Psychosomatik und Psychotherapie am Universitätsklinikum Münster. Vorstandsmitglied der Deutschen Gesellschaft für Psychosomatische Medizin und Psychotherapie (DGPM). Arbeitsschwerpunkte: Gerontopsychosomatik und Alterspsychotherapie; Psychotraumatologie; Qualitätssicherung.

Rolf Dieter Hirsch, geb.1946, Dr. med., Dr. phil., Dipl.-Psych., Honorarprofessor der Universität Erlangen-Nürnberg, Chefarzt der Abteilung für Gerontopsychiatrie und –psychotherapie und des Gerontopsychiatrischen Zentrums der Rheinischen Kliniken Bonn, Vorsitzender von »Handeln statt Misshandeln – Bonner Initiative gegen Gewalt im Alter e. V.«.

Andreas Maercker, geb. 1960, Prof. Dr. phil. Dr. med. ist Leiter der Forschungsgruppen »Posttraumatische Belastungsstörung« und »Alterspsychotherapie« am Psychologischen Institut der Universität Zürich. Seit einem Jahrzehnt zahlreiche wissenschaftliche Publikationen und Buchherausgaben zum Thema ›Traumafolgen‹ und in jüngerer Zeit zum Thema ›Alterspsychotherapie‹.

Julia Müller, geb. 1973, Dr. phil., ist approbierte Verhaltenstherapeutin und arbeitet als Oberassistentin in der Psychiatrischen Poliklinik des Universitätsspitals Zürich. Ihre Forschungsinteressen gelten den Grundlagen sowie der Therapie Posttraumatischer Belastungsstörungen.

Hartmut Radebold, geb. 1935, Univ. Prof. emer. Dr. med., Arzt für Nervenheilkunde, Psychoanalyse und Psychotherapeutische Medizin, Lehr- und Kontrollanalytiker (DPV), 1976-1998 Lehrstuhl für Klinische Psychologie an der Universität Kassel, zahlreiche Publikationen zur Psychodynamik, Psychotherapie/Psychoanalyse Älterer, Gerontopsychiatrie und geriatrischen Rehabilitation, Begründer des Lehrinstituts für Alternspsychotherapie.

Luise Reddemann, geb. 1943, Nervenärztin, Fachärztin für psychotherapeutische Medizin, Psychonalytikerin (DPG; DGPT). Bis Ende 2003 Leitende Ärztin der Klinik für psychotherapeutische und psychosomatische Medizin des Ev. Johannes-Krankenhaus Bielefeld. Seit 20 Jahren Beschäftigung mit Traumafolgestöungen. Veröffentlichungen zu diesem Thema in Fachzeitschriften. Mitherausgeberin der Zeitschrift für Psychotraumatologie und Medizinische Psychologie. Entwicklung eines spezifischen Ansatzes der Traumabehandlung. Monographien: »Imagination als heilsame Kraft. Zur Behandlung von Traumafolgen mit ressourcenorientierten Verfahren« und »Psychodynamisch imaginative Traumatherapie. PITT – das Manual« (Pfeiffer/ Klett Cotta).

Jürgen Reulecke, geb. 1940, Dr. phil., 1984–2003 Prof. für Neuere und Neueste Geschichte an der Universität Siegen, seit 2003 Prof. für Zeitgeschichte an der Universität Gießen, Forschungsgebiete u. a.: Geschichte von Sozialpolitik, Sozialreform und sozialen Bewegungen, Kultur- und Mentalitätsgeschichte, besonders Generationen- und Geschlechtergeschichte.

Gertraud Schlesinger-Kipp, geb. 1952, Dipl. Psychologin und Psychologische Psychotherapeutin, Psychoanalytikerin, Lehranalytikerin der DPV , Veröffentlichungen vor allem im Bereich ›Weibliche Entwicklung und Altern‹, u. a. »Weibliche Entwicklung in den Wechseljahren« (Psyche 2002 (9/10):1007-1030) und »Psychoanalytische Behandlung von Kriegs›kindern‹« (Psychosozial Heft II, 2003), tätig in freier Praxis in Kassel.

Traude Tauber, MA, Studium der Psychologie/Philosophie/Pädagogik, Geschichte, Germanistik. Ausbildung in soziokultureller Animation und Spielpädagogik, Systemische Therapeutin. Unterrichtstätigkeit und Mitarbeit im Ambulatorium ESRA in Wien. Publikationen in der Zeitschrift *Systeme* 1999: »Spielen in der systemischen Therapie« und 2002: »Zur psychotherapeutischen Betreuung der Überlebenden vom Nazi-Erziehungsheim am Spiegelgrund« sowie gemeinsam mit I. Schwartz (2003): Traumatisierung bei Überlebenden des Holocaust. In: Brainin (Hg.): Kindsein in stürmischen Zeiten. Wien (Picus).

Stefan Trobisch-Lütge, geb. 1961, Diplom-Psychologe, Psychoanalytiker. Arbeitschwerpunkte: Psychotherapeutische Arbeit mit Opfern und Tätern bei sexuellen Gewaltdelikten. Seit 1994 Mitaufbau und seit 1998 Leiter der Beratungsstelle »Gegenwind« für politisch Traumatisierte der DDR-Diktatur in Berlin. Veröffentlichungen zum Themenbereich politische Traumatisierung: 1998 mit Klaus Behnke: »Panik und Bestürzung auslösen – Die Praxis der ›operativen Psychologie‹ des Staatsicherheitsdienstes und ihre traumatisierenden Folgen«. Und 2003: »Gestohlene Vergangenheit – verlorene Zukunft – Die Situation politisch Traumatisierter im deutschen Wiedervereinigungsprozess«.

David Vyssoki, geb. 1948 in Czernowitz, Facharzt für Psychiatrie und Neurologie (1985), Ärztlicher Leiter Primarius des psychosoziales Zentrums ESRA seit 1994, Psychotherapeut (Systemische Therapie). Publikationen: gemeinsam mit A. Friedmann, P. Hofmann, B. Lueger-Schuster & M. Steinbauer (Hg.): »Posttraumatisches Stresssyndrom« und gemeinsam mit A. Friedmann & E. Glück (Hg.): »Überleben der Shoah – und danach. Spätfolgen der Verfolgung aus wissenschaftlicher Sicht«. Zahlreiche Vorträge im In- und Ausland.

Zeitschrift »Psychotherapie im Alter«: Schreibhinweise für AutorInnen

Die Zeitschrift richtet sich an alle Berufsgruppen, die mit Älteren psychotherapeutisch arbeiten bzw. diese beraten und durch psychosoziale Interventionen unterstützen. Sie will diese Berufsgruppen in freier Praxis, in Beratungsstellen, in Fachkliniken, Abteilungen und Pflegeeinrichtungen ansprechen. Wesentliches Ziel ist es ein Forum der Psychotherapie und Soziotherapie des Alterns zu schaffen und fachlichen Austausch über die Therapieschulen und über die Berufsgruppen hinweg zu fördern. Ein besonderes Anliegen ist es, durch praxisbezogene Falldarstellungen, Anregungen für die eigene Arbeit zu vermitteln.
Die Beiträge müssen der Zielsetzung entsprechen und die Lesegewohnheiten der Zielgruppe berücksichtigen. Eingesandte Manuskripte werden im üblichen Review-Verfahren vor ihrer Annahme beurteilt. Um die Lesbarkeit für die unterschiedlichen Zielgruppen zu steigern, wird eine redaktionelle Überarbeitung durchgeführt.
Bitte fordern Sie die ausführlichen Schreibhinweise bei der Schriftleitung am besten per E-mail an.

Anschrift der Schriftleitung:
Dr. Johannes Kipp, Esther Buck
Ludwig Noll Krankenhaus,
Klinik für Psychiatrie und Psychotherapie
Klinikum Kassel
Dennhäuser Str. 156
34134 Kassel
Tel. 0561/4804-0 · Fax 0561/4804-402
e-mail: psychalter@yahoo.de

1997 · 231 Seiten · Broschur
EUR (D) 19,90 · SFr 34,90
ISBN 3-930096-58-7

Adolf Hitler forderte bereits in »Mein Kampf«, daß schon in der »frühesten Kindheit ... die notwendige Stählung für das spätere Leben« zu erfolgen habe. Durch gründliche Ausbildung der Mütter müsse es möglich sein, »in den ersten Jahren des Kindes eine Behandlung herbeizuführen, die zur vorzüglichen Grundlage für die spätere Entwicklung dient.«

Mit dieser »späteren Entwicklung« ist vor allem das nahtlose Sich-Einfügen in die Ideologie und die Institutionen des NS-Staates gemeint. Darum geht es ausdrücklich auch der Ärztin Johanna Haarer, deren Bücher »Die deutsche Mutter und ihr erstes Kind« und »Unsere kleinen Kinder« in vielen Familien während des Dritten Reiches und in den Jahren danach zur Richtschnur für den Umgang mit Babys und Kleinkindern wurden.

Nationalsozialistische Erziehung, basierend auf den sehr genauen Anweisungen von Haarer, war vor allem eine Erziehung durch Bindungslosigkeit zur Beziehungsunfähigkeit. Es liegt auf der Hand, daß nur der an keinerlei Werte und Moral, an kein Gewissen und an keinen Menschen gebundene faschistische Typus auch jederzeit für jeden Zweck und jedes Ziel einsetzbar war.

Abonnieren Sie jetzt ...

... die Zeitschrift Psychotherapie im Alter

Ältere Menschen werden nur dann verlässlich Zugang zu Psychotherapien finden, wenn Informationen über deren Arbeitsweisen und Heilungsmöglichkeiten Verbreitung finden. Ein kontinuierlicher interdisziplinärer Dialog bietet die Voraussetzungen zur Bündelung der Kräfte, die Versorgungsmängel nicht nur zu benennen, sondern auch für Abhilfe zu sorgen. Die Zeitschrift PiA will diesen Dialog fördern und zur Fortentwicklung der Psychotherapie im Alter beitragen. Angesiedelt an den Schnittstellen von Praxis und Wissenschaft bietet PiA ein Forum für die Erkenntnisse und Erfahrungen aus unterschiedlichen Arbeitsfeldern, Schulen und Professionen. PiA will auf diese Weise mitwirken an der Herausbildung eines differenzierten und gleichwohl profilierten Verständnisses der Alterspsychotherapie.
Die Zeitschrift PiA erscheint vierteljährlich als Themenheft. Auf einen Übersichtsartikel folgen jeweils fallorientierte Darstellungen, die die Schwerpunktthematik aus unterschiedlicher Sicht erörtern. Anwendungsbezogene empirische Arbeiten, Buch- und Zeitschriftenbesprechungen, Mitteilungen von Fachverbänden sollen dem Bedarf nach Information ergänzend Rechnung tragen. Mit einer Rubrik »Leserbriefe« laden wie zur Diskussion ein.

Für weitere Informationen richten Sie sich bitte direkt an den Verlag:
Psychosozial-Verlag
Goethestr. 29
35390 Gießen
info@psychosozial-verlag.de
www.psychosozial-verag.de

Bestellcoupon

☐ **Hiermit bestelle ich**

____ Exemplar(e) der Zeitschrift
Psychotherapie im Alter
ISSN 1613-2637 · Euro 14,90 · SFr 25,90 (zzgl. Versand)

____ Exemplar(e) Ihres aktuellen Verlagskatalogs

☐ **Hiermit abonniere ich**
die Zeitschrift ***Psychotherapie im Alter*** im Jahresabonnement zum Abo-Preis von nur Euro 49,90 · SFr 83,30 (zzgl. Versand) (4 Hefte). Studierende erhalten gegen Nachweis 25 % Rabatt.

____
Unterschrift

____
Name/Vorname

____
Straße

____
PLZ/Ort

Hiermit erteile ich Ihnen eine Abbuchungserlaubnis

Konto-Nr.: ____________

Bank: ____________

BLZ: ____________

Unterschrift: ____________

PsV

Psychosozial-Verlag
Goethestr. 29

35390 Gießen

Psychosozial-Verlag
Goethestr. 29
35390 Gießen
Telefon: 06 41/ 7 78 19
Fax: 06 41/ 7 77 42
info@psychosozial-verlag.de
www.psychosozial-verlag.de

www.ingramcontent.com/pod-product-compliance
Ingram Content Group UK Ltd.
Pitfield, Milton Keynes, MK11 3LW, UK
UKHW040026200726
13854UKWH00001B/381

9 783898 061162